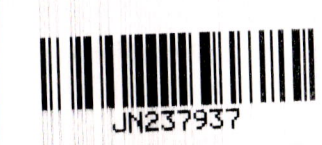

ものぐさ1週間セラピー

カンタンに生きること

斉藤吉一＊著

善養寺ススム＊絵

エクスナレッジ

はじめに

もしあなたが、何かに癒しを求め、本を読んだり、先生の話しを聞いたり、いろいろと勉強していたら、ちょっと待ってください。

私はあなたにこう言いたい。「あなたは何も勉強する必要がない」って。

もしあなたが、やる気を起こそうと必死になっていたら、私はあなたにこう言います。
「やる気が起きないのが、当然なんです」って。

私は庭師です。
学者でも先生でもありません。

「私は庭師です」というと、よくこう言われます。
「良いお仕事ですね」って。

でもある時から、仕事に集中できなくなり、ほと

INTRO

んどの人間関係が嫌になり、自分が嫌になり、気付かぬうちにストレスに潰されそうになりました。
　それは皮肉にも私の処女作『ものぐさガーデニングのススメ』という本が出た後のことです。

『ものぐさガーデニングのススメ』で、私は「肩の力を抜いてガーデニングを楽しみましょう」ということを書きました。
　しかし、それを書いた後で、肩の力の抜き方が分からなくなってしまったのです。

　ガーデニングについて、私はいろんなことを知っています。
　しかし、普通に自分らしく生きることについて、私は未熟でした。

　あれから４年経ちました。私はようやく自分をそのまま受け入れることが出来ました。
　あなたは自分をそのまま受け入れることが出来ますか？

もしイエスなら、あなたはストレスに悩むことなく、オヘソの奥からパワーがみなぎり、毎日が楽しいはずです。

もしノーなら、これから私がお話しすることが、少しは役に立つはずです。

どうですか？

もし、良く分からないなら、それでもオッケイ。

庭師が言ってることです。

難しいことは何もありません。

テーマは「カンタンに生きること」。もうすこしだけ、私の話を聞いてみませんか？

これから始まる１週間セラピー。

あなたは何も変わらなくてオッケイです。

ただ寝転びながら、この本を読むだけで楽になれます。

INTRO

月曜から日曜まで、7日間かけてください。

1日分を読み終えたら、なんとなく、そのテーマをボーッと思ってください。

立ち読みの場合、この本屋さんに1週間通ってください。

それで効果があったら、お買い上げしてください。

あなたの人生がカンタンになるセラピー。

今日がそのスタートです。

では、どうぞ。

斉藤吉一

INDEX

INDEX

第1章　月曜日

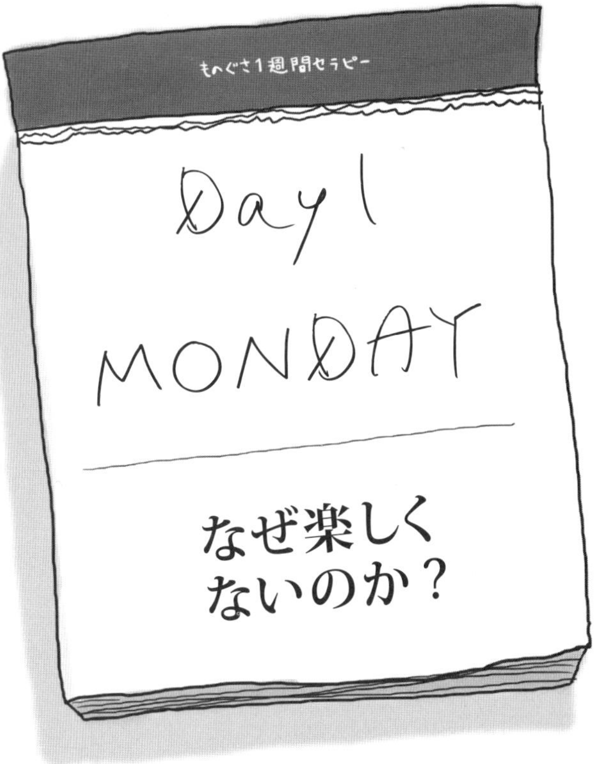
ものぐさ1週間セラピー
Day1
MONDAY
なぜ楽しく
ないのか？

むずかしい自分

「なんで大人はつまらないことばかり言うの？」

楽しそうに走り回る君の姿に
腹が立つ

「あそんでよ」
忙しいんだよ
「なんで？」

言っとくけど立場が入れ替わったら、
君なんか泣き出しちゃうよ！それだけ僕は我慢してるんだ

大人ってえらいだろう？

僕を一人にしてくれないか？

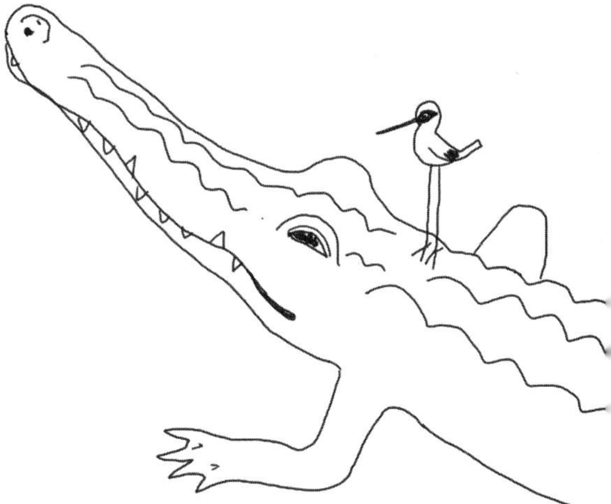

「むずかしいこと」好きですか？

子供の頃、単純に生きていた自分を思い出せますか？

素直に楽しんで生きていますか？

私は 34 歳のとき、無気力感に襲われました。それは 2 年間続き、私の体は鉛のように重くなりました。周りの人は良い人ばかりで誰のせいでもなかったし、なぜか分からないまま相談もしませんでした。

でもあるとき分かりました。

自分で作ったルールに縛られ、自分で自分をむずかしくしていたってことが。

からまった毛糸玉の糸先を、ほどかないまま引っ張ると、毛糸玉は縮まり固くなって引けなくなります。

今なら、固まる前にほどきます。誰かが「むずかしいよね」と言った時、その糸を引かないで用心します。

Day 1: MONDAY

本当にむずかしいのか、それとも「むずかしいまま」にしておきたいのか、と疑ってみます。

熟練した職人は、カンタンそうに仕事します。むずかしそうに仕事をするのは素人です。

カンタンなことが実は本当です。

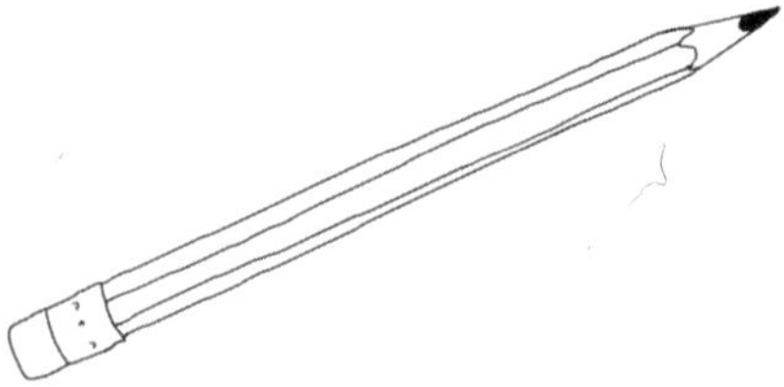

あなたのカラマリ度チェック

あなたがどれくらい、カラマってるか、チェックしてみましょう。カラマってるの反対は、「カンタン」です。

これはあなた自身が、どれくらいカンタンじゃないかのチェックでもあります。

イエスかノーで答えてください。

START

1　最近楽しかったことは？
と聞かれてもすぐに答えられない　☐ YES ☐ NO

2　自分で何がやりたいのか
分からない　☐ YES ☐ NO

3　たいして働いてないのに酷く疲れる　☐ YES ☐ NO

4　もっと時間があったらな
と思うが、時間があるときには
何もする気になれない　☐ YES ☐ NO

5　人に相談しても無駄だと
思っている　☐ YES ☐ NO

6　自分にとってメリットの
ない人とは付き合わない　☐ YES ☐ NO

7　人に任せるより、自分でやってしまう　☐ YES ☐ NO

8　人に嫌われそうで怖い　☐ YES ☐ NO

9　考えると不安になり
何も行動できない　☐ YES ☐ NO

10　人の批判はすぐに思いつく　☐ YES ☐ NO

11　沈黙が苦手で、
ベラベラとしゃべってしまう　☐ YES ☐ NO

12　妙に素直な人を見ると、羨ましい　☐ YES ☐ NO

13　必死で勉強してたことがあるが、
今は全く思い出せない　☐ YES ☐ NO

14　「元気出して」って言われると、
うんざりする　☐ YES ☐ NO

15　正しくありたいので、「間違っている」
と言われると腹が立つ　☐ YES ☐ NO

16　やる気を出すために
必死になったことがある　☐ YES ☐ NO

17　自分探しの旅に出たことがあるが、
何も変わらなかった　☐ YES ☐ NO

合計　YES　個

イエスが0個だったあなた、完璧です。そのままでオッケー、何も言うことはありません。

この本はサッサと閉じて、他のことしましょう！

3個以下のあなた、だいたい毎日はスムーズです。ただちょっと流れの悪いところがありますから気をつけてください。

6個以上のあなた、何かのきっかけで突然八方塞がりになる可能性があります。注意してください。

10個以上の場合、相当こんがらがっています。でも大丈夫。今はそのままでいてください。これから先ゆっくりと私の話を聞いてください。この本は、そんなあなたの為にあります。
それに、そんなあなたに私はとても親近感を感じます。

なぜなら、1～17まで、全部私のことだからです。

えっ？　そんなの最低だって？

まぁ、そう言わずに。

今は違いますから。

つまり、そんな全部イエスだった人間が、全部ノーになるっていう話です。

切れたテンション

　キアヌ・リーブス主演の映画「リトル・ブッダ」のなかに、こんなシーンがあります。

　厳しい修行をしている王子役のキアヌ・リーブスの前に、老楽士が通ります。

　その老学士は弟子に、こう言います。

「弦を張りすぎると、その弦は切れてしまう。

　弦がゆるいと、音は出ない」

　その言葉にハッとした王子は、極限の修行を中断します。

　わたしには、思い当たることがあります。

　以前、こんな感じでした。

『弦を張りすぎると切れてしまうことくらい、知ってる。

　しかし、弦をゆるめる方法が分からない。

だから、切れるまで張って、切れた後どうするか考えよう……』

それが昔の私です。

あなたの弦が今、切れてないとしたらラッキーです。

もし今、弦が切れていたら、残った長い方の弦を、ゆっくりゆっくり引っ張っぱればいい。

ゆっくりゆっくり引っ張れば、いずれ弦巻きに届き、いずれ音が出ます。

映画のなかでキアヌ・リーブスは、その老楽士の言葉を聞いた後、数年ぶりのお米を食べます。

今までの無表情な修行僧としての顔とは正反対、生き生きと笑いながらおいしそうに食べます。

あなたは、生き生きと笑っていますか？

楽しいこと、忘れてる

休みの日、当時４歳だった長男が近所の友達と、うちの駐車場で遊んでいました。

楽しそうなハシャギ声がよく聞こえます。すると妻の

「あーー、こらーーー」

という叫び声が……。

何かと思って外に出てみると車のドアやボンネットに、ぐるぐると渦巻き状のキズがついています。子供たちが手に砂利をもって車に擦り付けて遊んでいたのです。人間驚いたときって口が開きますね。なぜか怒る気になれませんでした。

子供たちは悪いことをした気がなく、まだニコニコと笑っています。自分で書いた模様を自慢したそうな顔つきで。

私は一応、「これはやってはいけないことだ」と説明しました。

二度とやらないように、と。

でもキズを眺め、自分で触りながら思いました。

「これだけ思い切りやったら楽しいだろうなぁ」って。

　しませんよ、私は大人ですから。でも、うらやましかった。

　テレビのコマーシャルが私に語りかけます。「あなた自身を楽しもう！」って言っています。
　でも、どうやって？

　　あなたは最近、楽しかったことがすぐ思い出せますか？

人に嫌われたくない！

　私は庭師です。８年前に独立したとき、お客さんはいませんでしたが、地道に努力すればなんとかなるものです。お客さんも増えたし、スタッフも増えました。しかし、お客さんが300人を超えたあたりで、急に肩の荷が重くなりました。毎日鳴る電話、スタッフとの打ち合わせ、それに雑事。今まで何の苦でもなかったことが、ストレスに感じるようになりました。

　そんな話を飲み会の席で友人に愚痴ると、「みんなから嫌われたくないんでしょ？」と彼に言われました。そりゃそうだよ、嫌われるのはやだよ、というと

「じゃあさ、もしそのお客に嫌われたら、おまえどうなるの？」。私は考えました。「お客じゃなくなって、縁が切れる」。すると友人は「縁が切れるのがイヤなの？」。「うーん、それはしょうがないって思う」

「じゃあああ、いいじゃあああん！」

そのときは納得できませんでした。自分で「しょうがない」と言いながら、やっぱりちょっと嫌われたくないって思いました。

でもなんとなく気づきました。お客さんにしてもスタッフにしても、最悪の場合で私から去っていくだけ。

だったら嫌われたって大したことない、そう割り切れたらスッキリするな、と思ったのです。

嫌われないために必死になる。

そんなことにエネルギーを使ってヘトヘトになって、ストレスになって愚痴ばかり。

笑顔なんかありません。

これを続けたら、嫌われますよね。

つまり、嫌われないためにしてたことが原因で、嫌われちゃう。

馬鹿馬鹿しいでしょう？

あなたは嫌われたくなくて無理していること、ないですか？

あなた、天然系？

「ストレスなさそうで、良いよなぁ」って、誰かに言ったことないですか？

思うことをそのまま話し、食べたい時に食べ、笑いたい時に笑う……。

見ててなんだか羨ましい……。

でも、考えてみてください。

あなただって、もともと、そうやって生きてたはずです。

子供の頃、そのまんまで生きてたはずです。

それが色んな理由で歪められて、矯正されて、ちょっとずつ変わっていった。

まったく悪いことじゃありません。

社会で生きてくうえで必要だったこと、あるいは「しょうがなかったこと」もあります。

無邪気な子供に戻れ！と言ってるのではありません。

そのまんまで生きてる人を羨ましいと思ったら、どうやって「そのまんま」に生きることができるか？
考えてみてください。

私の友達、Ｔさんのことをお話しします。

Ｔさんのことを私は最初、好きじゃなかったんです。
ていうか、嫌いだった。

思ったことをすぐに口にして、相手を傷つけるし、
機嫌の良いときはニコニコしてるけど、逆のときはしかめっつら。

周りのことなんか、おかまいなしで、そこが好きじゃなかった。

少なくとも私は、相手が傷つかないように喋ってるつもりだし、自分の機嫌でムスっとはしていないと自負がありました。

ある時、Ｔさんが自分自身のことを、こう言っていました。

「私ってあんまり考えないで言っちゃうから、自分でそういうとこが嫌なの」

私はTさんが自分の性格に不満だったことを聞いて、驚きました。
「Tさん、実はそういうとこ嫌だったんだぁ」
私は、そう思うと急にTさんが好きになりました。

そして、Tさんのことを本当は羨ましく思ってた自分に気がつきました。

私はTさんのことが嫌いだったんじゃなくて、Tさんの性格が羨ましくて、でも自分はそれが真似出来ないから、だから嫌いってことにしてたんです。

本当は私は、思ったことをすぐに口にしたかったし、機嫌の良いときはニコニコしたくて、逆のときはしかめっつらしたかったんす。

羨ましく思うこと、憧れ、嫉妬、ねたみは良質なエネルギーです。大いに活用しましょう。

カンタンに生きるには、今までの「やりかた」に流されていては駄目です。

ハマってしまった迷路から一度、抜け出さないと出来ないんです。

学べば学ぶほど、わからなくなる

私は心理学を学んだことがあります。
職場で役立つ心理学、
異性関係に役立つ心理学、
家庭で役立つ心理学、

いろいろありますよね。

人間の脳のしくみや、こう言われたらどうするとか、こう言えばこうなると、そういうことは、何となく分かりました。

スキルやテクニックは身に付きそうでしたが、自分自身については、いっこうに謎のままでした。

デキの悪い生徒だったからかもしれません。

でも今は自信をもって、こう言えます。

「勉強したり、考えたりすることより、もっと大切なことがある」

なぜなら、人の心は、理屈で動いていないからです。

だから、学べば学ぶほど、頭が良くなってしまって、賢くなって、どんどん答えが出てしまって、本当に大切なことを、どんどん置き去りにしてしまうのです。

それは、けっこう危険です。

前頭葉と後頭葉が、どんな脳の機能をもっているか、どれだけ詳しく知ったとしても、自分の気持ちが分からなければ、なんの役にも立たないんです！

知識なんてムダ！

勉強はとりあえず今、ストップです。

「全てが必然」って、納得できますか？

何かとても嫌なことがあって、どうしたら良いか分からなくなったとします。

そんな時、あなたは誰かに相談します。

そして、こんな風に言われます。

「それはあなたが受け取るべき「ギフト」です。あなたがその問題を乗り越えられる人間になったから、贈り物として、あなたのところにやってきたんですよ」

……どんな気持ちがしますか？

素直に納得出来ますか？

私はちょっと無理です。

ただ、不幸を嘆くだけの時間を、省けるかもしれません。

気持ちが早く切り替わって、「この問題、どうしよか？」って次に行けますね。

でも、その嫌な問題は本当に必要な贈り物か、というと私はスッキリうなずけません。

もし、トラブルが連発してあなたに降り掛かってきたら、それも必然なのでしょうか？

運命というものがある、それは理解出来ます。

しかし、ネガティブなことを「贈り物」として飲み込み、冷静になってやりすごすとしたら、私は反対です。

なぜ反対かというと、

飲み込み、冷静にやりすごしてしまった瞬間から、あなたの本当の思いが押しつぶされていくからです。

「全てが必然」って言葉で、あなたの思いをつぶさないでください。

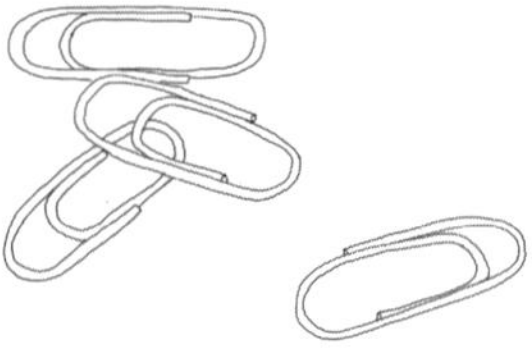

正しくあろうとすると、崩れていく

　人間として正しくありたい。

　私はちょっと前まで、そう思っていました。

　しかし、あるとき、こう言われました。
「なんで正しくありたいの？」

　私は当然だと思っていたので、拍子抜けしてしまいした。

「えっ？　みんなそう思ってないの？」

　どうやら、みんなそう思ってなさそうでした。

　正しくなくても良いや、って思ってる人は、私の周りに沢山いました。

「なんで私は正しくありたいと思ってたんだろう？」

いろいろ考えました。
そして、なんとなく分かりました。
「正しくしていれば、誰からも責められない」
「正しくしていれば、誰からも後ろ指をさされない」
「正しくしていれば、嫌われない」

それが心の奥で考えていたことです。

純粋に正しくありたい、ではなかったんです。

人から嫌われたくなかったから、正しくあろうとしてたんです。

もっと言うと、人から嫌われなければ、別に正しくなくて間違っていても良かったんです。

正しくありたい。
それはすごく良いことだと思います。

でも、何の為にでしょうか？

あなたの思いを隠すために、正しく立派でいたいとしたら、それはちょっと危険です。

他人のアドバイス

アドバイスをもらったこと、ありますよね？
でも、そのアドバイスを素直に聞けない。

「そりゃ、そうするのが良いのは分かってる。でも、それが出来ないんだよぉ」
だいたい人からもらうアドバイスは、そんなもんです。

礼儀として「なるほど、やってみます」とは言います。
でも、内心「どうかなぁ」って思ってます。

なんでだと思います？

他人が出した答えじゃ、動けないんです。
誰かに答えを出してもらっても、それは自分で答えを出したことにはならないんです。

「大切なことは自分で決めなさい」って言われたことないですか？

　そう、その通りなんです。
　人から「こうしなさい」って言われたことを出来ないのは、当たり前のことなんです。

「他人のアドバイスは素直に聞けない」
　それは当然です。

　あなた自身がその答えに納得するまで、素直になんかならなくていいんです。

やる気を出すために必死になる無駄

モチベーションアップのセミナー、あなたは参加したことありますか？

ハイ、私あります。

もちろん効果ありましたよ。
体が熱くなって、エネルギーがみなぎって、帰りの電車の中で「じゃ明日からアレとコレやるゾ」とか思っちゃって。

でも、次の日になるでしょ。
そうすると、やる気を吸い取られるような日常が、ガンガン押し寄せてくるんです。

必死に抵抗します。
昨日もらったテキスト読み返したりして。

今までと違う手帳買ったりして。

だいたい１週間くらいすると、もとに戻ってます。
たち悪いことに、前よりやる気がなくなってる。

それは、やる気を出すために一生懸命使ったエネルギーが、外に出てしまったから。

次はさらに強力な「モチベーションアップセミナー」を探して参加しようとします。

ちょっと麻薬中毒っぽいです。

怖いですね。

あなたは、やる気を出すために、大切なエネルギーを使い果たしていませんか？

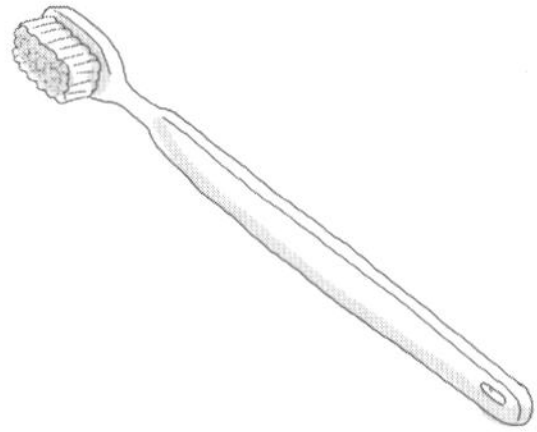

1日目の最後に

今日はセラピーの初日です。
いかがでしたか？

今日の最後に私が言いたいことは一つです。

「今まで、うまくいかなかったのが当たり前なんです」
ってこと。

だから、あなたは全然、変じゃない。
あなたは全然オッケイなんです。

今日は、自分を受け入れるための準備です。
だから、自分をオッケイと思うことは省略できません。

今日のセラピーは重要です。

「あなたは全然、変じゃない」

どう思いますか？

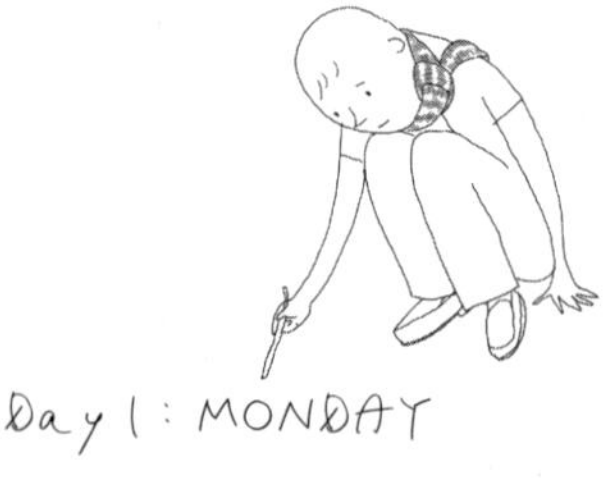

第2章　火曜日

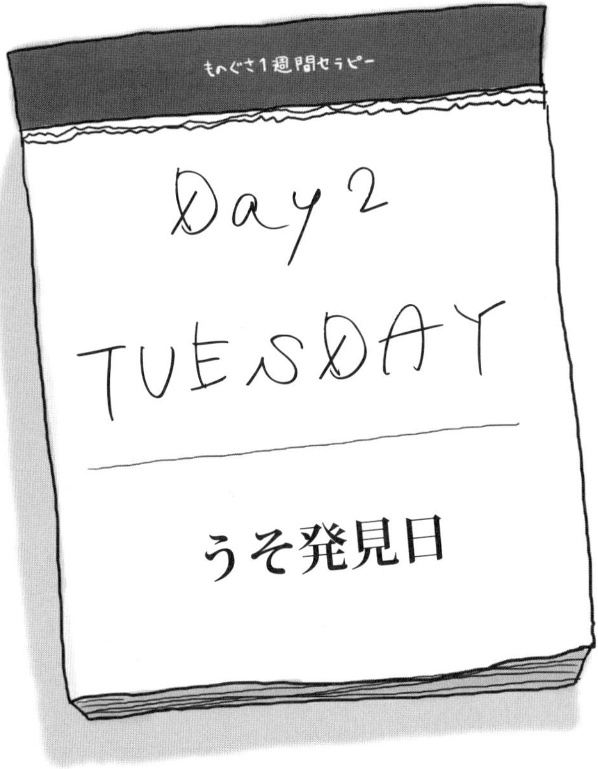
ものぐさ1週間セラピー
Day 2
TUESDAY
うそ発見日

自分の中のうそ

うそは自由
隠れる時と、逃げる時
とても便利

うそはイリュージョン
うそが本当になったとき
昔の本当は見えなくなる

うそは鎮痛剤
薬が切れなければ
楽しい時間は永遠に僕のもの

うそはしぼり汁
僕がよじれて出てきた
金色のジュース

Day 2 : TUESDAY

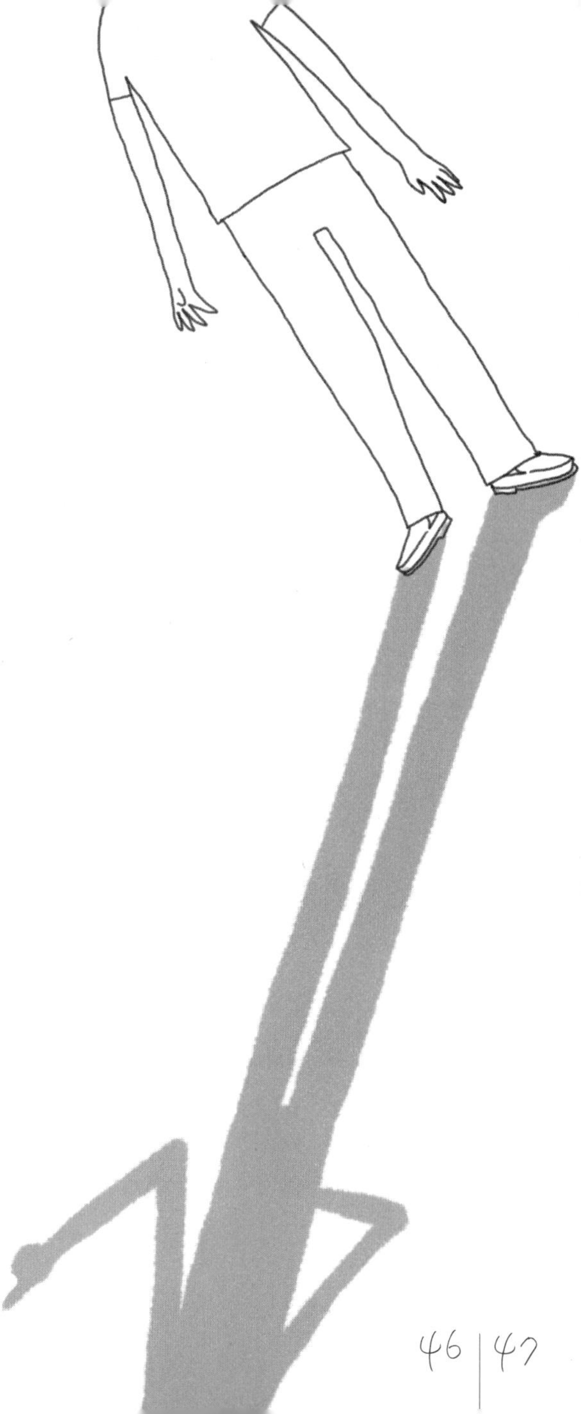

自分への嘘を見つけろ!

自分に正直でいること。
これ、なかなか出来てる人、いません。

じゃ、みんなどうしてるか?

自分に嘘をついて、正直でいることから逃げてるんです。

自分に正直でいることは、けっこう辛い。
なんで辛いかというと、自分は弱くて卑怯で、ずるくて怠け者だからです。

そう思われたくない。
自分はちゃんとした人だと思われたい見栄がある。
だから、自分に正直になることは、それ自体が恐怖です。

みんな自分に嘘をついています。

もう、「みんな」って言っちゃっていいくらい、みんなです。
でもそのうち、2割くらいの人は、自分で自分に嘘をついてることを知っています。
確信犯です。

これの方が良い。
迷路に入らないですみます。

タチが悪いのは、自分への嘘を「無意識」についている人。
自分に正直でいるつもりでいるのに、実はコテコテの嘘をついている人。
これは、もう迷路です。迷宮に入ってます。

自分に嘘、ついてませんか？

迷宮への入口

自分への嘘に気付くにはヒントがあります。
例えば、こんなことないですか？

本当は苦手なタイプなのに「悪い人じゃないから」と、付き合ってる。

人から誘われて付き合っているが、心から楽しんだことがない。

「がんばんなよ！」と言われたから、がんばっている。

好きな相手の気を引くためだけに、何かを必死になってやっている。

誰に対しても、同じ態度で接することができる。

……どうですか？
今、言ったことは、そんなに悪いことじゃないです。
大人として必要なこと、とも言えます。

いろんな人とお付き合いすることは必要ですし、がんばることだって必要です。
好きな人には好かれたいし、平等に振る舞うことは大人として必要です。

ですよね？

だから私はこれらのことを否定しません。オッケイです。
でも考えてほしいのは、それを「確信犯」でやってるかどうか、です。

確信犯でやってればオッケイ。
その場合、こうなります。

いろんな人とお付き合いすることは、めんどくさいけど、仕方がない場合がある。

がんばってみるけど、適当にする自由も手放さない。
好きな人には好かれたいけど、好かれなかったら、それまでの縁。
平等に振る舞っとけば、恨まれなくて済む。努力はするけど、向き不向きもあるさ。

めんどくさいとか、適当とか、嫌われるとか憎まれるとか。
そんな少しのネガティブを、自分に取り込みましょう。

それが正しく嘘をつくこと。
それが正しい確信犯です。

自分への嘘という罪に気付かないとどうなるのか？
自分へ嘘を「無意識」についてると、どうなるか？

「そういう自分」がホントの自分だと誤解してしまいます。

例えば……。

極端なこと言えば、弱くて卑怯で、ずるくて怠け者な自分とは正反対の自分。
まるで正しくて立派な自分、それが本当の自分。

本当にそうなら、それは素晴らしい！最高です。

でも、今言ってるのは、そうじゃない場合の話。
あなたが完璧じゃない普通の人間だった場合の話です。

あなたは完璧じゃない。
だから強がらないでほしい。良い子ぶらないでほしい。

自分への嘘、あなたはいくつありますか？

ホントを言おう

数年前のこと。

詩人、谷川俊太郎さんの「うたとおはなしの会」に参加しました。

会場は満員、後ろと横に立ち見が並んでいました。

詩人ていうと、浮世離れしていて、夢でも食べて生きているようなイメージを、私は持っていましたが、

谷川さんは違います。

舞台でおしゃべりすることも非常に現実的です。

ある人から「笑いとは真実でなければならない。人は嘘では決して笑わない」と聞きました。

舞台の上で見た詩人は、淡々と真実を話していました。

教科書にでてくる谷川さんの詩はとてもやさしく、万人に好かれるもの。

しかし舞台で朗読されたのは、

悪人についての詩。

残酷なことを隠さない詩。

それを聞いて私は谷川さんの奥の深さを改めて痛感しました。

リアルなことしか人を感動させないんだなぁ、って思ったんです。

最後に会場から質問を谷川さんが受けました。

そのとき、多分その方は学校の先生だと思うのですが、

「なにか今の子供たちにメッセージをお願いします」と言いました。

すると谷川さんはひと言、

「誰か分からない人に対してメッセージは送れないんです」

……会場は凍りつきました。

その質問した方への答えは「送れない」……それだけです。

私は谷川さんのキッパリに、とても感動したんです。

私が谷川さんだったら、こうキッパリとは言えません。

「愛と平和、やさしい気持ちを大切にしてほしい」なんて言ってるかもしれません。
　でも、それは無意識な自分への嘘になります。

　そのことがあって以来、できるだけ努力して「ホントのこと」を言おうと思っています。

作戦をたてるな!

私は最近、ゴルフを始めました。
それには、父と仲良くなりたいという目的があります。

私は父とコースに出て、一緒にゴルフをしたかった。

私は打ちっぱなしの練習場で、こう思いました。
「上手くなれば、父も一緒にラウンドしたいと思うはずだ。そのために一生懸命、練習しよう」
そう考えました。

始めたばかりの頃は、父と一緒に練習場に行き、父にいろいろと教えてもらいました。
「膝を寄せて!」
「頭を上げるな!」
「しっかり振りきれ!」

とか、いちいち言ってくるのですが、少しずつ球に当たるようになることが楽しくて、素直に全部聞いてました。

でも、上手くなって父を見返してやりたい、という気持ちが強くなると、私は一人で別の練習場に、「自主トレ」に行くようになりました。
自分でレッスン DVD を買い、家で何度も見ました。

父と一緒に練習しなくなって 3 ヶ月くらいが経ったとき、偶然練習場で父とバッタリ会いました。
私は嬉しくて手を振って声をかけたのですが、父は驚いていました。
そして私に言います。
「どうもおかしいと思ったら、一人でやってたのか」
父はギロッとした目で私を見て、笑いもせず真顔でした。

私はそのとき、思いました。
自分の思いとは逆のことをしている……。

父はここ数ヶ月、自分と練習に行かなくなった息子に対して寂しく思い、
自分に隠れて練習している息子を見つけて、複雑な思いでい

る……。

私は上手くなってから
それから父に「一緒に（ゴルフ）コースに行こうよ」
って言うつもりでした。

しかし、父からすれば
「最初だけ練習につきあって
ちょっとうまくなったと思ったら
ほっといてくれ、みたいな態度。
利用されたなぁ」
って思ったかもしれません。

父と仲良くなりたい、って気持ちはとても単純、わかりやすいと思います。
でも、その目的のために私がとった手段は、まわりくどく、誤解されやすく、手間がかかる。

私は反省しました。
さんざん考えて
素直に気持ちを伝えることにしました。

しかし、今までの人生で
父に自分の気持ちを、そのまま伝えたことなんて
ほぼ無いんです。

まず、直接は無理だと思いました。
なんか抵抗があって、直接は言えなかったです。

だからメールで
「是非お父さんとコースに行きたいと思っています。
コース、今度一緒に行かない？」
と送りました。

すると返信が
「まだ早い気がするけど、考えとくよ」
って返ってきました。

その時は半分断られた気がして
「あ〜〜、やっぱり言わなきゃ良かった」って思いました。

やっぱり計画通り、うまくなったとこ見せてから言えば良かった、って、その時は思いました。

しかしその後、父がうちに来ました。
(歩いて5分くらいのとこに住んでます)

すると、いきなり
父「コースは決まってるのか?」
僕「え?いや、別に、何も……」
父「行く人は決まってんのか?」
僕「いや、それも何も決まってないけど……」
父「大月インターから近くのパブリックコースが良いと思うんだ。どうだ?」
僕「うん、いいよ」
父「じゃ、頑張って練習しな」
僕「うん」

父は笑って、孫(私の息子)と少し話して帰っていきました。
父は、なんかうれしそうでした。

もちろん私もうれしい。

父と仲良くなれれば、それが一番です。
父と楽しいゴルフが出来れば、それが一番です。
私は下手な作戦をたてて失敗しそうになりました。

作戦はたてないでください。

作戦ナシで、シンプル、ストレートに気持ちを伝えるほうが、簡単で、楽で、近道です。

忘れないでください。

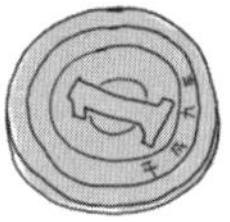

がんばらないこと

がんばっている時、正直な自分が隠れているかもしれません。

がんばることは良いことですが、悪い場合もあります。

そもそも、なんでがんばらなければいけないのでしょうか？

それは辛いからです。辛いのでがんばらなければ、それが前に進まないんです。

この状態がそもそもおかしい、不自然です。

だって心からリラックスして好きな事をやっているとき、自然に事は前に進んでいくはずでしょう。

「がんばらなければ終わらない」「がんばらなければ出来ない」ならば、そもそも本来の自分とは少しずれていると考えてください。

これは怠け者とは違います。
　自分に正直でいると、エネルギーは自然に湧いてきます。

　それは不思議なくらいムクムクと膨らみ、抑えることができません。

　もちろん、あなたもそうなります。

　がんばるのは、それからでオッケイ。
　その時のがんばりは楽しいはずです。

　もうすぐ見える、正直な自分のために、エネルギーは温存しましょう。

２日目の最後に

今日はセラピーの２日目です。
いかがでしたか？

嘘をつかない人はいません。
子供だって嘘をつきます。

嘘は悪じゃない。
無意識の嘘が悪です。

それは軽いジャブで、時間をかけてあなたを弱らせます。

あなたは、どう思いますか？

Day 2 : TUESDAY

第3章　水曜日

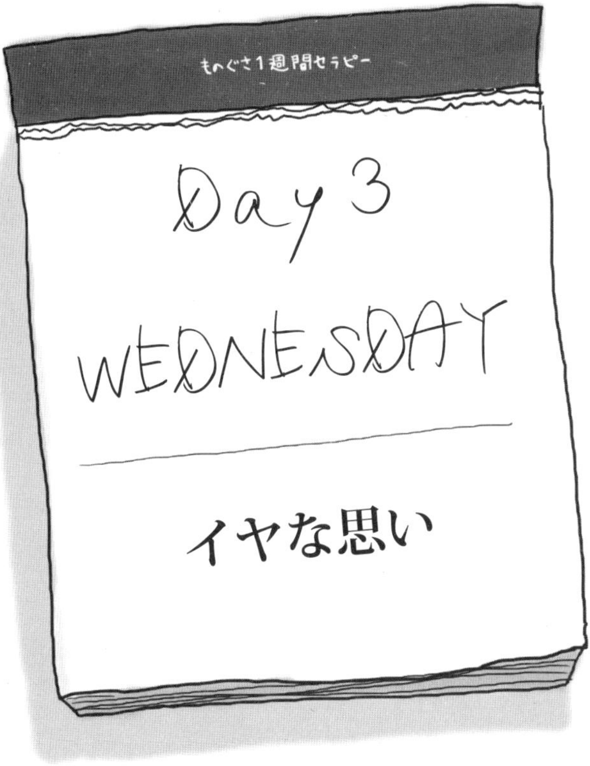
ものぐさ1週間セラピー
Day 3
WEDNESDAY
イヤな思い

恐怖の向こう側

バンジージャンプの台の上
前には森、下は小さすぎて見えない

怖くて一歩下がったら、係員に怒られた

3、2、1で無理矢理放り出された後
怖かったものは見えなかった

もう一度台に立ったら
多分、恐怖の向こう側が見える

嫌な思いを大切に

　私には苦手なタイプの子供がいました。

　私のこと、大人のことをチラチラと良く見る子供です。
　なにか大人の顔色をうかがうような態度が、とても嫌なんです。

　そういう子供と目が合うと、どうしていいか分からなくなり、微笑むことも出来ません。
　その後、できるだけその子を見ないようにします。

「子供なら大人のことなど気にせず、思いっきり遊んでればいいのに」と思うんです。

　だから逆に遊びに夢中になってる子供は大好きです。

でも、あるとき、なぜ自分がそう思うか不思議になりました。

大人の顔色をうかがう子供のことを可愛いと思う人もいるんです。

私はそうは思わない。「なんでだろう？」って考えて分かりました。

自分がそういう子供、大人の顔色をうかがうような子供だったんです。

そのときのことを思い出す。

「大人の顔色をうかがわなければならなかった」自分の状態を思い出すんです。

大人に嫌われたくなくて、なんとか周りの大人に好かれたくて、必死に「どうやったらいいのか？」を考えていました。

でも、それは好きでしてることじゃなくて、しょうがなくてしてることでした。

だから今、そんな子供を見ると嫌な気持ちになるんです。

私の言いたいことは、こうです。

嫌な思いの裏は、自分の中心とくっついています。

しかも、そのオモイは面倒を見てもらえず、閉じ込められています。
　だから、嫌な思いの裏に気付いたら、なるべく丁寧に対処してほしいのです。

　例えば、私の場合。
　なぜそのとき、大人の顔色をうかがわなければならなかったのか？
　その自分の言い訳を聞きます。

　自分で聞いて、自分で答えるんですから、全部言い訳でいいんです。
　自由です。
　自分は常に正しくてオッケイ。悪いのを全部人のせいにしてオッケイ。

　そんなルールで、「嫌な思いの裏」を丁寧に聞いてほしいのです。

　その後、どうなるか？
　嫌な思いをそれ以降、しなくなります。

　私は今、大人の顔色をうかがうような子供に会ったとしても、自分の「裏」を思い起こして悲しい気持ちになったりしません。「おう、おじさんも昔、そうだったんだよぉ」って思えるようになりました。

嫌な思いをしたら、チャンスです。

自分で気付くことが出来ない「裏」核心を、発見するチャンスです。

思うだけなら自由、無罪

自分の正直な気持ちに気づくと、どうしても嫌いな人、苦手な人がさらにハッキリしてきます。そんな人に対して、どうしたらいいのでしょうか？

私がテレビを見ていたときのことです。バラエティー番組で、ある俳優さんがこう言っていました。

俳優「私は死んだ〜〜さんのことが嫌いでねぇ」

司会者「えっ、でも亡くなった今となっては、もう許しているんでしょう？」

俳優「いや、今でも大嫌い」

司会者「そんなことないでしょう。なかには良い思い出もあるでしょう？」

俳優「いや、無い。本当に嫌いなんだ」

司会者「……」

私はびっくりしました。私は人に向かって「嫌いだ」と言わないし、言わない方がいいと思ってましたから。

でもその俳優さんは真剣でした。

その俳優さんに誰も「人を嫌いだ、なんていうのは悪いことだ」とは言いませんでした。

私もテレビに向かって「この人、おかしい」とは思いませんでした。

やはり嫌いな人は、どうしたって嫌いなんですね。

「相手の良い面を見なさい。悪いところは目をつぶりなさい」と言われます。

確かにそれも分かります。でも自分を殺してずっと我慢を続けることができるでしょうか？

自分に余裕がなくて、どんどんすり減っていくのに、それでも相手を好きになろうと努力すべきでしょうか？

私にはあまり賛成できません。

山崎房一さんの『心がやすらぐ本』の中に、こんな一節があります。

「人間は、心の中の恨み、憎しみ、呪い、嫉妬、復讐、など、いかに極悪非道な考えを起こし、それをもっていたとしても、心の中にある限り、それは罪悪ではない。それはすべて無罪である。安心していい。具体的な被害を誰にも与えていないのだから」

先ほどの俳優さんは、グレーゾーンで少し有罪かもしれません。テレビで言っちゃってますから。

でも言わないで、思ってるだけで外に出さないとしたら、「無罪だ」というのです。

私はこれを読んで救われました。私も人のことを嫌いになったり、恨んだりしてしまいますから。

でも外に出さないで秘密にしてればいいんですね。なにも立派な聖人になる必要はないんです。

それに気づいた時、自分の気持ちに素直になれました。だって「この人、苦手だな」と思っても、その苦手のまま黙っていればいいんですから。今までは「そんなふうに思う自分がいけないんだ。この人のこと好きにならなくちゃいけないんだ」くらい思ってました。でもそうすると、むずかしくなります。カンタンじゃない。

相手の事を嫌いになって、しかもそういう気持ちになった自分も嫌いになってしまう。それはストレスの源です。

あなたが行動に移さない限り、悪意は無罪です。全ての人を好きになろうとしないでいいんです。それは神様にしか出来ません。
　でも注意です。「心の中にある限り」ですからね。そこを勘違いしないように。

嫉妬、妬み、オッケイ

70 歳の女性書家から聞いたお話です。

「私は若い頃、
(書の) 先生に褒められてる仲間が
憎たらしくて、しかたなかった。

だから、必死に書きまくった。

あの時期がなかったら
今はないです。

今、力を抜いて書けて
(自分の) 生徒さんに平等にやさしく指導する、
そんな風に出来るのは

コンプレックスのカタマリと格闘していた
あの頃があったからです」

……私はこのお話を聞いたとき、少し驚きました。

その方は温厚で、感情を荒げることのない人で、それは若い頃からそうなのだ、と思っていたからです。

「嫉妬、妬みって、あっていいんだぁ。それを消そうとしないでいいんだぁ」ってそのとき、思いました。

嫉妬と妬みは、自分を作っていくとき、避けては通れない道で、そんな気持ちを持つことは「オッケイ」なのだと知りました。

きれいごとだけで、大人にはなれないですね。

自分らしく生きることも、きれいごとだけでは出来ないんです。

だから、嫉妬、妬み、オッケイなんです。

自分をむずかしくしている「恐れ」

誰かに怒られる恐れ、誰かを失ってしまう恐れ、どうなるか分からない恐れ。

「恐れ」の感情に支配されている時、人は自分らしさを失い、思いもよらない行動をします。

後から考えると「何であんなことしたんだろう」と思いますが、しばらくすると又同じ事を繰り返します。

私は人に嫌われるのが怖かった。仕事してるとき、お客さんに嫌われるのが怖かったし、周りのスタッフに嫌われるのが怖かった。だから「良い人」「完璧な人」を演じて恐れを処理していました。しかし、お客さんやスタッフが増えてくると困った事になりました。自分がどんどん苦しくなるんです。でも自分では当時「演じている」とは思っていませんでした。自分はバッチリ良い人だし、バッチリ良い上司だと思っていたんです。

私とスタッフを比べると、仕事は私の方がスムーズに出来てしまいます。

だから、それを感じたお客さんから、苦情がくるんじゃないかと恐れていました。スタッフの段取りを管理し、一つでも違うところがあれば厳しく直させました。

「もしそのお客さんから嫌われたらどうなるの？」

そのお客さんは離れてしまうと思いました。それがいやだった。

「そのお客さんが離れてしまうと、どうなるの？」

自分がダメだ、と言われたみたいで辛くなると思う。

「責められる気がする？」

お客さんが離れて売り上げが減ることが怖かったんじゃなくて、自分が「ダメ人間だ」と言われるようで怖かったんです。

私は少し考えました。そういえば、スタッフに全部を任せた仕事は、恐れを感じませんでした。でもそれは少なかった。なぜなら任せること自体が怖かったからです。

ハッとしました。気づかないうちに、スタッフは自分と全く同じコピー人間でないと、お客さんから責められると思ってました。

しかし実際は誰も責められなかった。彼らスタッフはお客さんから見て、実に良くやっていたのです。
だからスタッフを信じて任せれば良かった。そして怖かったけど、信じて任せてみたら怖い事なんて何も起こらなかったんです。

周りの人や友人が、自分から去ってしまう事が怖くなるときがあります。だから本当のことを言えずに怖いまま過ごしています。
怖いと思う事、それはほとんどの場合、起こりません。でもその恐怖から逃げるために変な小細工をすると、別のトラブルが起こります。実はそっちの方が怖い。
怖いと思う事があったら、そこに自分を放り投げてみましょう。一度それが出来たら、その恐怖は二度とあなたには訪れません。

もし恐怖に自分を放り出す事が出来なかったらどうするか。
そんな時は逃げながら戦ってください。逃げるばかりでは、やられます。逃げながら余裕が出来たときに突然振り返り、恐怖を斬りつけてください。それも出来ないなら目をつぶって、飛び込んでください。見えるから怖いんです。
どうせ、やらなきゃならないなら、見えないまま飛び込んでみましょう。

恐怖から逃げてるうちは、ずっとあなたを追っかけてきます。あなたは恐怖にいじめられ続けます。恐怖からしてみれば面白くて仕方がありません。だって本当は怖くないのに「怖い、怖い」って怖がってくれるんですから。

怖いと思う自分の気持ちを省略せず、じっくり噛みしめてください。そしてその恐怖の下にある本当の気持ちを探してください。それを見つけて認める勇気さえあれば、恐怖は去っていきます。

自分をむずかしくしている「怒り」

もう一つ、「怒り」も事態をむずかしくさせる感情です。

怒りは、ちょっと特殊です。ほとんどの場合取り扱い注意です。怒りをストレートにぶつけた場合、事態はカンタンには収まりません。

だいたい話はこじれて、むずかしくなります。

怒りは相手を攻撃します。すると相手は負けじとあなたを攻撃します。それが表に現れた場合、ケンカですね。裏に潜んだままなら、無視されたり裏切られたりします。相手の心は傷つき、相手はあなたを憎み、残ったしこりはなかなか消えません。むずかしい事態です。

あるとき、京都の友人から久しぶりに電話がありました。何年も会っていなかったので「こっちに来ないか?」と言われた私は、季節も良いし観光も兼ねて東京から会いに行くのも悪くないと思いました。

　でも話を良く聞いてみると、仕事で扱っている商品を私に売りたいらしいのです。新しい仕事を始めた彼の「勧誘」でした。
　私は怒りました。
「そんなことか！もう電話しないでくれ!!」と言って電話を切ってしまいました。純粋に友達に会えると思って喜んだのに、そんな気持ちをお金儲けの種にされたようで腹が立ったのです。

　怒りの気持ちが静まると、次に私は悲しくなってきました。私の気持ちはこうです。
「もし俺を利用するならやめてくれ。すごく悲しい気持ちになるから。ただ友達として付き合いたいんだ。またしばらくしたら電話してほしい。俺だって久しぶりに会いたいんだから」

　私の悲しい気持ちを、その時電話を切らずにゆっくりと彼に伝えられたら、どんなに違っていたでしょう。

　でも私のした事は、ただ怒っただけです。なにもスッキリしないまま終わってしまったんです。

「親友に裏切られた」と相談されたことがあります。その彼は顔を真っ赤にして怒っているんです。

　話が始まって１時間ほどしたとき、彼の目から涙が溢れました。

　そのとき彼は怒ってるのではなく、悲しんでいました。でなきゃ涙なんて出てきませんから。

「その悲しい気持ちを、親友に伝えた？」私が聞くと彼は言いました。

「そんなこと考えた事もなかった」

　相手を怒っても、その相手に分かってもらえない場合があります。

「お前が間違ってる。俺は正しい」と怒っても、相手は素直に納得しません。

　それに納得していない相手に形だけ謝られても、自分はもっと納得しません。

　それより怒りの裏に隠れている、自分の悲しみを意識してください。

　怒りをそのまま相手にぶつけないでください。それをやってしまうと話はむずかしくなります。

怒りをぶつける前に、自分の悲しみを相手に分かってもらってください。

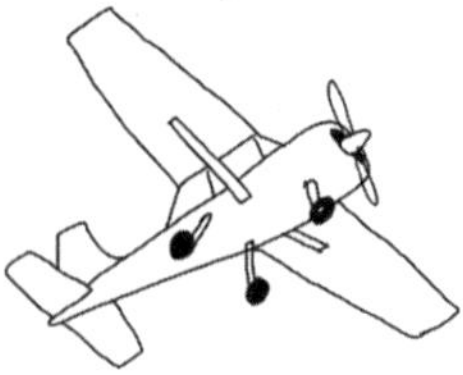

怒りの向こう側に愛がある

　友人と、友人のお父さんのことです。

　友人は今、競馬とパチンコが趣味で、楽しそうに「ギャンブル」をしています。

　友人が言いました。
「小さい頃はギャンブルなんか絶対するものか、と思ってたんだ」

　この友人の言葉に私は驚きました。
　今の姿しか知らない私は、ギャンブルが嫌いだった少年時代の姿など想像も出来なかったからです。

　彼のお父さんはギャンブル好きで、、働いたお金を殆どギャンブルに使っていた。

そのために苦労するお母さんを見て、ギャンブルは最低だ！と思っていたそうです。

私の話です。

つい最近まで、私は父が好きではありませんでした。

正確に言うと、私は父に対して静かに怒っていました。

仕事人間だった父は、家族より仕事を優先しているように感じ、私はそれに対して小さい頃から不満だったのです。

父は仕事をしているか、そうでなければゴルフに早くから出かけ、ほとんど家にいませんでした。

友人にとってのギャンブルは、私にとってのゴルフでした。

私の中で、ゴルフは悪者でした。

だから私が大人になって、いろんな人から「ゴルフやろうよ」って誘われても、どうしてもやる気になれなかったんです。

友達がギャンブル嫌いだった話を聞いた後、私の父やゴルフに対しての怒りは、怒りではなくて、

「寂しかったんだよ」

という、父に対しての訴えなんだと気付きました。

そう思ったら、急にゴルフをやってみたくなりました。

それが素直な気持ちです。

先ず私は妻に言ってみました。

「ゴルフやってみようかと思って……」

妻は驚いてましたが、少し喜んで、後日そのことを私の父に話したんです。

妻いわく、父はその話に喜んだといいます。

そうして、2人で練習場に行き、私は父からゴルフを教わりました。

これは自分でも不思議ですが、嫌いだった父のこと、今は本当に好きです。

私の体感として、怒りや悲しみの裏側には、その同じ量の愛情があります。

それを忘れないでください。

暴れ馬を解き放て

ジョセフ・ペアレントの『禅ゴルフ』という本の中に、こんな一節があります。

～老師は答えた

「心というものは、気性が激しい野生馬のようなものだ。どこかに閉じ込めて飼い慣らそうとすれば、興奮し、落ち着きを失う。無理におとなしくさせようとすれば、人に蹴り掛かり、さらに抵抗する。

だから、野生馬を飼い慣らすという概念を、より大きな視点で考えることが肝要なのだ。正しい現状認識という広い草原で、心を野生馬のように思い切り走らせよ。抵抗するものがなければ、心はやがておのずと落ち着きを取り戻す。

野生馬は、いったん静かになれば楽に飼い慣らせる。飼い慣らしたら、次に訓練を施せばいい。そうすれば、心は鞍をつけた馬のように、お前を乗せてどこへでも迅速に連れていってくれるのだ」

暴れた心を小屋に閉じ込めてはいけません。
暴れ馬を走らせてからでないと、冷静はやってこないんです。

「何々さえなければ、もっとうまくいくのに」
「何々さえなければ、私はハッピーなのに」

そう思ったことはありませんか？

潔くあきらめて、暴れ馬を走らせましょう。

その後は、必ずうまくいきます。
必ずハッピーになります。

暴れる心は、芯から「暴れたい」んです。

そこを分かってあげて。

嫌なあなたの内面を解放してください。
自分の嫌いな部分を一度、自由に走らせてください。
誰にでも「悩み」があります。

しかし、その悩みの解決策を求め、答えを探すことが、本当の正解ではありません。

自分の本当の思いを知って、その悩みが「どうでもよくなること」が、一番の方法です。

私はいろんなことに悩みます。

悩みの解決策を探し、うまい方法を考え、対処してきました。

でも今、それが無駄だと思っています。

そこにエネルギーを使うのが、もったいないと思っています。

なぜなら、その悩みがどうでもよくなった瞬間の爽快感を知っているからです。

暴れ馬が走り疲れて、おとなしくなったときの優しい顔を知っているからです。

悩みは、あなたの感情を揺さぶります。

悩みのせいで泣いたり怒ったり笑ったり、とても忙しい。

でも、その裏に本当の自分が隠れているんです。
ですから悩みの奥にある恐れや怒りを解放してください。

Free your mind!

その後、悩みとネガティブな感情は、自然に静まります。

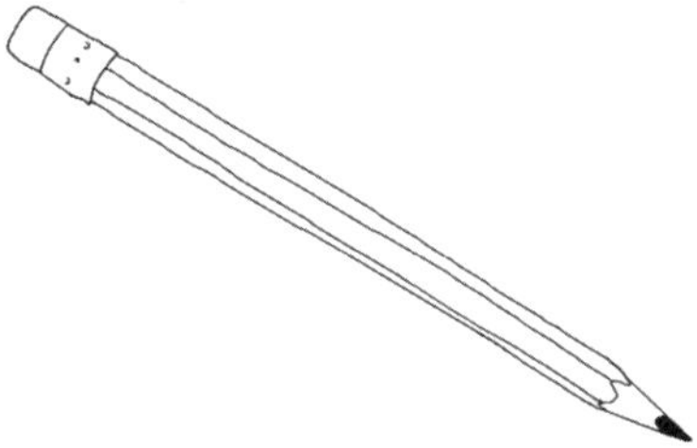

3日目の最後に

今日はセラピーの3日目です。
いかがでしたか？

嫌な思いは、大切です。
恐怖や怒りも大切です。

ポジティブ思考なんて、今日は一旦捨てちゃってください。

それよりも、もっと分かりやすい、あなたの負の感情の奥を覗いてみましょう。

そこには確実にあなたがいます。

どう思いますか？

THE HEART TREE

ハートツリーの傷

普段は平和な公園、CHAOS PARK。
しかし、オーナー Dr. カオスの気まぐれは、いつ起こるか分からない。
心の準備が出来ないまま、その気まぐれに誰かが巻き込まれるのだ。

BOOK IN BOOK

ノコギリ男

ノコギリ男が現れた。
ここ「CHAOS PARK」に秋が訪れ、僕も眠りに入る準備をしていた時だった。
彼は、ここのオーナー Dr. カオスと何やら打ち合わせをした後、いきなり僕の幹に登り始めた。
巨大ノコギリで無数の傷をつけながら、枝を切り落とす。

驚いた。

こんなことは初めてだった。

ノコギリ男は僕を丸裸にする。

夕焼けのころ、ノコギリ男は帰っていった。
Dr. カオスは満足そうに、下から僕を見ている。

夜になった。
冬眠に必要な栄養は切り落とされ、根にたくわえがない。

眠れない。

涙が出てきた。

もうすぐ来る朝が怖い。

真横から差す日光に、幹肌を焼かれる。
徐々に僕の肌はめくれ上がり、骨が出てしまった。

僕はノコギリ男を憎む。
僕を傷つけ、実を奪い、枝を全部切り落としていった。

あいつのせいで、僕はめちゃくちゃになってしまった。

春の水

たぶん春が来た。
自分の「根」の異変がそれを教えてくれる。

春の新芽をつくるために
根が水を僕の頭に送り始めている。

でもいつもと様子が違う。
根から送り出される、水の量が違う。水の
勢いが違う。

強い。

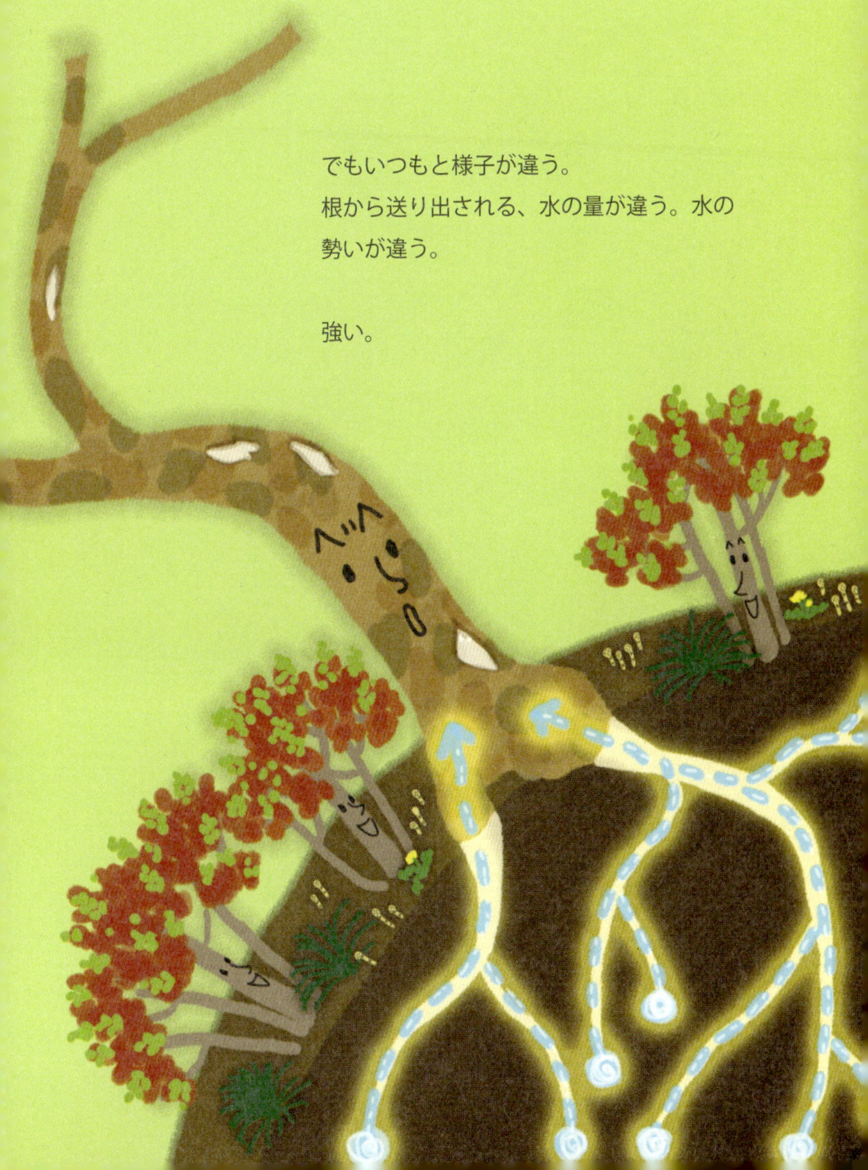

こんな春は初めてだ。

水の勢いはさらに強くなり、
今までないほどのスピードで僕の中心を通過する。

うかうかしてると、傷口から水が流れ出てしまう。

自分の大切な仕事を思い出す。
水がこぼれないように、全部そのエネルギーを葉っぱに変えなきゃ。

それから僕は７日間、根が狂ったように送り出してくる水を、
全て葉っぱに変えてった。

必死にならなきゃ、水がこぼれちゃうんだ。

僕はがんばった。

僕は僕を思い出した。
ハートの葉っぱを５枚出す。
それが僕の姿。

ノコギリ男のせいで忘れそうになったけど、
この葉っぱを５枚出せるのは、ここらへんじゃ、
この僕しかいない。

僕はそれを誇りに思っていたんだ。

THE HEART TREE

僕の色

自分らしく輝くために、僕は葉っぱをピンクに染める。

通る人達が立ち止まって、僕を見てくれる。

春、必死にやったことが報われた。

「ハートの葉っぱを 5 枚」、それが僕だ。

今まで意識しなかった自分のこと、
これから毎日、忘れることはない。

THE HEART TREE

またノコギリ男がやってきた。
Dr. カオスと何やら打ち合わせしている。

また僕の枝を切るんだろう。

ノコギリ男が何をしたって、僕は僕らしく生きていける。

僕はノコギリ男を恐れない。

終わり。

このお話は、フィクションです。
しかし、Dr. カオスの気まぐれは、いつかあなたを巻き込むでしょう。
あなたは心の準備が出来ないまま、傷つき、泣き悲しみ、怒り狂うかもしれない。
そんな時、ハートツリーの復活を思い出してください。
「あなたらしさ」は、必ず再生できる。

第4章　木曜日

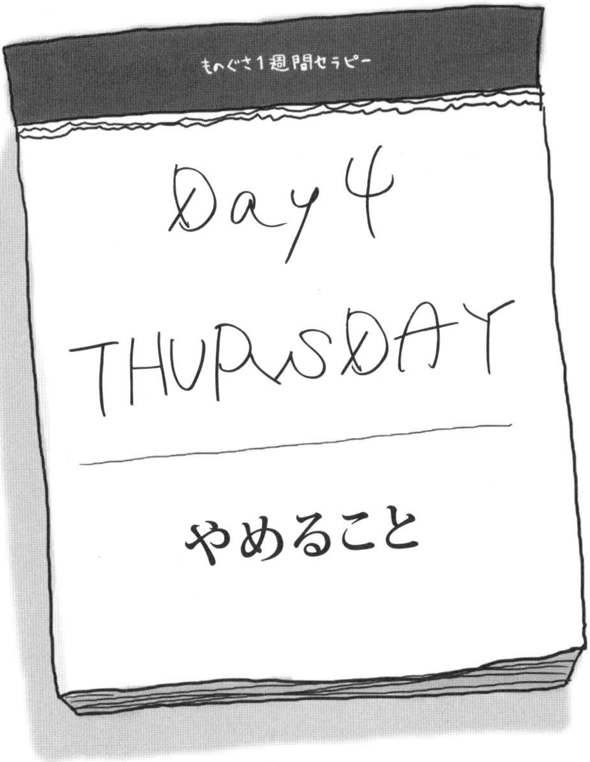
ものぐさ1週間セラピー
Day 4
THURSDAY
やめること

脱いだ服は洗濯機に入れよう

焼けた皮膚は石鹸と一緒に排水口へ

濁った目は閉じてマブタの裏だけを見よう

器用になった手は横に置き、
細長くなった足はたたんで座る

へその下から胃腸の動きが消えて、
熱だけを感じてくる
恐いような潔いような

洗濯機のピーっという完了音で、
僕の芯が目覚めた

Day 4 : THURSDAY

はだかの時間

自分に無理なこと探し

　理想と思っていたことが、実は自分にとって無理な事だったら。

「あんなふうになりたいなぁ」と思っていたことが、実は良く考えると本当の自分とはかけ離れたものだったら。

　私が庭師として独立して間もない頃、ある人にあこがれていました。

　その人はガーデンデザイナーとして有名な人でした。

　きれいなオフィス、立派なショールームを持ち、本を何冊も出していました。

　私は見学に行きました。オフィスにはひっきりなしに電話がかかってきます。ガーデンデザインの依頼が殺到していました。自分もそうなりたい、勉強したい、と思って、施工の現場を手伝わせてもらいました。

とても刺激的でしたし、楽しかった。でも２ヶ月ほどたって、あることに気づきました。

「自分とは違う」と。

偉そうにいえば、自分の表現したいことと違うなと思ったんです。まだまだ吸収し勉強すべきだ、という気持ちもありましたが、このまま進んでいくべきではない、と感じたんです。

その期間、教えていただいたことに今でも感謝しています。でもあの時、決断して違う道に進んでいって良かったと思っています。

何もしないで、分かることではありません。自分で経験して、肌で感じた事です。

自分の憧れた気持ちは、本当に自分を導いていってくれるものなのか、実際やってみなければ分かりません。

私の場合、やってみて「自分はこうなんだ」と分かりました。ですから何もしないのはダメです。

でも、やってみた後に実感したことは大切にしてほしいんです。それが周りからなんと言われようと、です。

周りの人は気軽にあなたを励まします。「もうちょっとがんばってみたら」とか「あと２、３年は辛抱しなさい」とか。
でも、あなたの心の中で結論がでていたら、思い切って引き返してもいいんです。

自分にとって無理な事かどうか、積極的に確かめてください。それが分かったら勇気を出して引き返してください。

Day 4 : THURSDAY

カンタンにするのは、むずかしい。

むずかしくするのは、実は簡単なんです。
カンタンにするのは、むずかしいんです。

だから困ってしまうんです。
先ず、これからあなたに、カンタンにするための準備運動をお話しします。

全部をストップすること。

肩に力が入ると疲れますね。息を止めて重いものを持ち上げると、顔が真っ赤になります。

人は不自然な自分を沢山持って社会生活をしています。気のすすまない仕事をしているときの自分、電車に乗っているときの自分、初対面で緊張する自分……色々あります。

ですから肩の力を一生懸命抜かないといけないんです。

私はここ数年、お酒をやめています。それで分かったことがあります。人間にとって、ボーッとする時間て結構大切なんです。

禁酒して半年くらいたったとき、体も慣れてお酒をあまり飲みたくなくなりました。でも体ではなくアタマがボーッとする感じが恋しくなったのです。つまり思考回路がにぶくなっていく感覚が、です。

酔っぱらうと、気分は高揚し、思考回路のスピードは落ちます。良く言うと明るくて単純、だからお酒の席は楽しいんですね。

以前は毎日お酒を飲んでいましたから、そんなボーッとタイムが毎日あったわけです。でもやめてからは 24 時間いつでもハッキリタイムです。それで頭が休まらない気がして、なんだか辛かった。

タバコを吸う人も思い当たるんじゃないでしょうか？　健康面を無視すれば、口から白い煙を出すとき、何も考えずボーっと出来るという利点があります（すすめているわけじゃないですよ）。

何かうまい方法はないかと考えた私は、ヨガの呼吸法でリラックスすることを考えました。腹式呼吸と胸式呼吸を繰り返す呼吸法を毎日練習しました。

息だけするというのは「何もしない」にかなり等しいんです。「何もしてはいけない」と言われても息だけは止められませんよね。

私は何もせず息だけして、それに集中し、アルコールなしでボーッと頭を休めることが出来ました。

ただ、ソファーに座ってじっとしているリラックスでは足りません。大切なのは今の自分をそのまま受け入れる、強いリラックスです。「なんでもいいんだ」「このままでいいんだ」と開き直って何も考えず、頭を休めている状態を求めてください。

　やりかたは自由ですが、一つだけ注意点。「何々しちゃだめ」「リラックスしなきゃだめ」「力を抜かなきゃだめ」と禁止の暗示はかけないように。
「プールに浮かんだ100個のトマトを想像しちゃだめです」と言われたら、ほら頭に浮かんでませんか？
　道路標識の「追突注意！」に目がいって、追突しそうになったことはありませんか？

　だから自分にかける暗示はこうです。
「なんでもいいんだ」「このままでいいんだ」、です。

あなたの頭にすきまをあけてください。

水がいっぱいに入ったコップに、さらに水を注ぐとどうなりますか？　注いだ分だけこぼれますね。誰でも分かります。

空のコップに水を注げば、水はたくさん入りますね。これも当然です。

でも自分のこととなると話は別です。なかなか分からない。いろんなことが詰まってしまった頭の中に、さらに何かを入れようとしても無理です。

人間は足りないくらいのほうがちょうどいい動物です。過ぎたるは及ばざるがごとしです。

頭の外にあふれてくれれば、まだいいです。でもそうはならない。私の経験だとパンクするんですね。一度パンクしてしまうと、開いた穴から全部流れ出てしまいます。これは大変です。

ですから、あなたの頭の中に「すきま」をつくってください。どんどん忘れてください。新しいことを吸収するために、一度ゼロにリセットするつもりで忘れてください。

私は以前、メモ魔でした。

気になることがあるとメモパッドを取り出し、なんでもメモしていました。一日のメモ量はA4で3枚ほど、1週間たまるとそれだけで21ページです。問題はその処理です。たいしたことないメモがほとんどで、使えるもの、大事なものを抜き出すとわずか2つか3つです。その2つか3つを、さらに1週間後に見て「全部どうでもいいこと」だったときがあって、私はなんだか空しくなりました。

私はまず最初にメモパッドを持ち歩かないようにしました。

ペンだけもって、どうしてもメモしたいときは手の甲に書きました。次に、メモせずその場で処理するようにしました。「保留する」のを出来るだけ止めたんです。

それまで空き時間に「何か忘れてないっけ」とよくメモパッドを確かめていました。でもメモパッドを止めて以来、私は「休憩、休憩!」と言って一人で「すきま」を味わうようになりました。

造園家が庭をリフォームするとき、一度あたまの中でそこにある庭をこわして、なくします。それからイメージを作っていきます。でも今までそこに住んでいた人、施主さんは、それが出来ません。一年365日そこに住んで庭を眺めていたわけですから、あたまの中でこわして、なくすことができないのです。だからこそプロに頼むということでもあるのですが、忘れる事さえできれば、新しい事はカンタンに出来ます。

心をゼロにリセットするということ。
何かを忘れる、許す、捨てる。
そして頭を軽くしてすきまをつくってください。

ギアをニュートラルに入れて走り出す前の準備をしましょう。

外側から捨ててしまえ!

私は以前、こんなことを言われたことがあります。

「(あなたは)自分の中身で勝負してるんじゃなくて
材料を寄せ集めて出来た『外側』で勝とうとしてる。
それで勝ったって、満足できるはずがない」

ショックでした。

その人の言う外側とは、
肩書き
礼儀作法
実績
賞状
クルマ
家

年収
成功度……
……そんな事です。

外側をつくることには一生懸命で、内側はほったらかし……。
だからバランス悪いし、自分に自信がないし、本当の自分を見せる事ができない……。

これは図星でした。
当たってます。

私は本音を決して他人に言いませんでした。

外側を一生懸命つくって壁を固めて、それで自分を守ること。
それが私のやってたことでした。

そうしなければ、人から責められると思っていたから
「絶対自分は悪くない」という自分をまず作ってからでないと安心出来なかった。
その行動パターンと思考パターン（外側を固めること）のおかげで私は冷静を装っていられました。

しかし、外側の材料を寄せ集めるのは
手間がかかるくせに、その後、本当の満足は得られません。
それに気づいてから、私は虚しくなり、外側を寄せ集めることを止めました。

私は今、自分の内側を見せることが、怖くありません。

だから、
前より楽だし、
前より強いと思います。

前は「自分の内側を見せちゃったら、絶対マズイ」って思ってました。

だから、本心を言える友達とか、必要ないと思ってて、
「友達なんか別にいらない、
妻と子供たちがいれば良い」

と本気で思ってました。

しかし、今は本気で「そうじゃない」と思えます。

（そうなって、良かったぁ～～）

タワーレコードのキャッチコピーで
「no music no life」ってのがありましたよね。
音楽がなければ生きられない、音楽のない人生なんて！という意味です。

それ見て
妻に
「あのさ……no なんとか no life。
なんとかに何いれる ?」
って聞いた事がありました。

妻は
「friends!」
「no friends no life!」
と即答しました。

今は、そんな妻に感謝しながら、友人は大事デス、と本気で言えます。

内側を全て友達に見せられる自分。

そうなって良かったと思います。

もう私は、人から責めらると思ってませんし、人は自分を攻撃してくるとも思っていません。
だから、自分の内側を見せることが、そんなに怖くないんです。

「外側」って、そんなに重要じゃない。

だから、あなたの「外側」がどうなっても、あなたの内側は変わりません。

外側なんて捨ててしまっても、オッケイです。

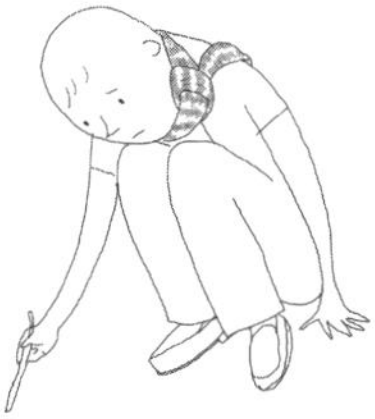

自分の門を狭くする

自分の心の門を通って、相手が自分の中に入ってきたときから、お付き合いが始まります。

その門をくぐって、誰でも自由にズケズケと入ってくると、自分にとってかなりのストレスです。

ですから、自分を守るために心の門を狭くします。だいたいイメージで幅 70 センチくらいです。これだと二人は同時に入ることができません。そして一人ずつ、内緒で審査するんです。

私の審査の基準はカンタンです。一緒に旅行に行きたいかどうか？です。基本的には誰でも同じ基準です。ただ実際に旅行に行くわけではありません。「行きたいかどうか」です。年輩の方でも、小さな子供でも、男でも女でも、みんな同じです。そして、その秘密審査に合格したら、勝手に自分の心の中に入れてしまいます。相手の許可などいりません。自分が認めた相手に対しては、もうそこから愛をもって接することにします。

人間関係をカンタンにする

人間関係をカンタンにしようと思ったら、先ずは一人になることです。お互いに依存しない関係が基本です。
一人一人が個人として独立してこそ、他の人と良いお付き合いができるのです。

そして一人になったときは、自分の腹の中から湧き出るものを感じるようにしてください。

頭で考えること、心で思うこと、腹で感じること。

人間関係で大切なのは、頭より心より、腹で感じることです。

人生の経験が豊かな年上の方とお話している時、腹の底まで見えてるのではないか、と思うときがあります。
表面や表情でいくら良い事を言っていても、腹の底の中身は見透かされてるんじゃないかと思うのです。
　お話を聞くときでも、耳で聞いて心で感じたものが、ちゃんと腹に落ちていないと相手はそれを感じるでしょう。逆に言うと、言葉が不器用でも、それが腹から心を通って出てきたものなら、きっと伝わります。

　ただ仲良くするだけが人間関係ではありません。それは本当の親友を持つ人なら分かるでしょう。

　友に割ってみせられる自分の「腹」を、しっかりと持ってください。
　自分の中心から湧き出るものを大事に感じてください。そこから他人との関係を始めるのが一番カンタンな人間関係だと思います。

今日の最後に

捨てることは、勇気がいります。

でも、コップの中の古い水を捨てないと、新しい水は入りません。

捨てることを避けて、あなたがカンタンになる方法は、ないんです。

さぁ、全部溜め込むのを止めましょう。

あとは、あなたが何を捨てるか決めるだけです。

どう思いますか？

第5章　金曜日

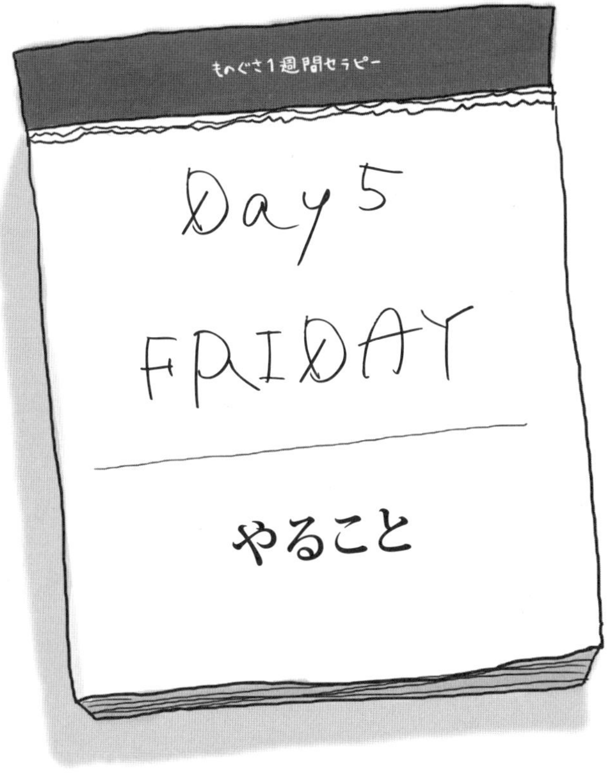
ものぐさ1週間セラピー
Day 5
FRIDAY
やること

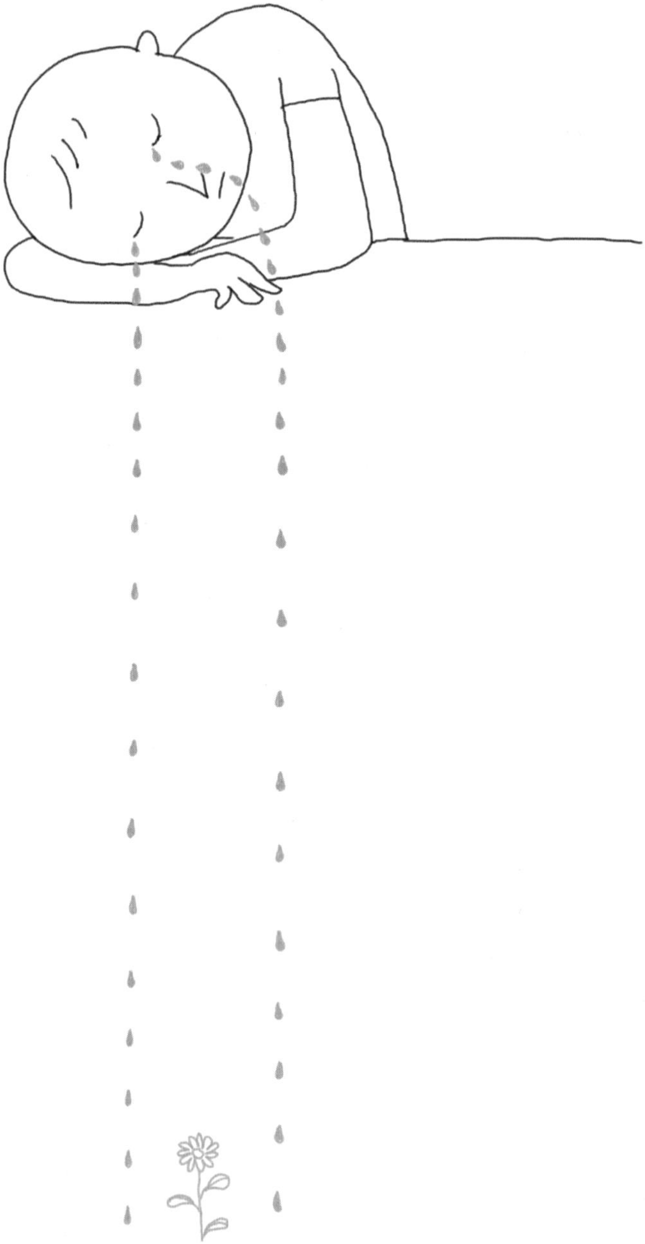

Day 5 : FRIDAY

泣くってのは

泣くってのは必要で
涙腺を解放することも必要で
その涙は、出来れば誰かに伝えたい

僕は涙を使って、何かを彼女に言いたかった

すると彼女は笑ってくれた
もちろん僕も笑った
結局僕が泣いたら、僕は笑えたんだ

泣くってのは、伝えることだ

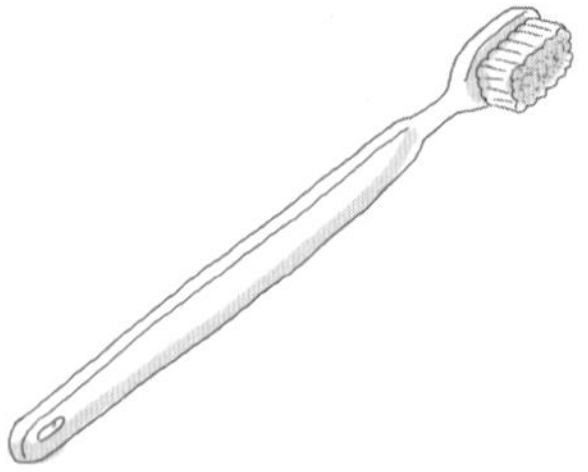

大切な人との時間

昨日のセラピーは自分でやってみましたか？

オッケイです。

それならば自然に、あなたにとって大切な人がハッキリしたんじゃないかと思います。

今日は、あなたにとって大切な人と、少し時間をとってください。

そして、少しトレーニングしましょう。

あなたの大切な人と、大切な思いを分かち合ってください。

今日のテーマはコミュニケーションです。

今までは自分の中身をのぞくことが主なテーマでした。

しかし、自分一人だけでは、楽しい毎日が過ごせないんです。

あなたにとって大切な人と、コミュニケーションすること。
これはあなたの楽しい毎日に絶対必要なことなんです。

でも、心配しないでください。
私自身、人と話すことは苦手です。
よく、口べたって言われます。
それに経営者の諸先輩方から「商売下手だねぇ」ってよく言われます。

わたしは「うまいこと」が言えません。
その場に、沈黙が流れること、慣れています。

そんな私だから、コミュニケーションに大切なことはコレしかない！ってことが分かるんです。
私に出来たんだから、みんな出来ます。
今日の最後に、大切な人に会いたくなって、くだらないことを伝えたくなったら、私の思いは成功です。

コミュニケーションって何?

あなたは人と接することが苦手ですか？

もし、そうなら私と一緒です！

でも、コミュニケーションはカンタンです。

コミュニケーションでやることは、大きく分けて二つです。相手の気持ちを知ることと、自分の気持ちを話すことです。

優しいことを言わなきゃとか、相手が傷つかないようにとか、そんなこと気にしなくていいんです。

相手を説得しようなんて、思わないでください。

それは、コミュニケーションじゃないです。

相手に好きになってもらおうって、思わないでください。

あせる気持ちは分かりますが、今日は控えましょう。

今日やることは二つです。

相手の気持ちを知ること。
自分の気持ちを話すこと。

その二つです。

気持ちを知ること

相手の話を聞く時、自分のことは少し忘れましょう。

話を聞きながら、他のことは考えないようにします。相手の話をさえぎったり、中断させたりすることはしないように。相手の話をそのまま受け入れるように聞き、それをどうするかは後で決めるようにします。

そして大切なのは、それで相手はどういう気持ちだったのか？ということです。

それが話を聞いていて分かればオッケイ。

もし分からなければ、質問しましょう。

どういう気持ちっていうのは単純に、それが嫌だったのか好きだったのか、そんなことです。

不快だったのか、心地よかったのか？

嬉しかったのか、寂しかったのか？
そんなことです。

話を聞いていて、そんな単純なことが分からないまま、流れていくこと、ないですか？

それはコミュニケーションじゃないんです。

あなたが大切な人と話している時、
あなたが相手の気持ちを分かっていること。
それがコミュニケーションです。

自分の気持ちを話すこと

自分から話すとき、大事なのは気持ちを話す事です。

私は以前、自分の気持ちを伝えることが苦手でした。
何を話すかというと、「出来事」。

何があって、こうなって、誰それがこう言った。
そんな感じ。それだけ。
出来事の記述ですね。
私がどう思ったかは、相手に委ねちゃってる。

私はこう思ってました。
「ここまで言ったんだから、僕がどう思ったかは分かってくれるよね？」

そんな身勝手なお話なんですが、これが結構分かってくれちゃう。
　だから私も甘えて、そんな調子で記述的に話す。

　でも、相手に伝わらないときがあるんです。
「なんか噛み合わないなぁ」って。
　反応ないなぁ、って。

　これ、コミュニケーション失敗です。

　しかし、あるときから変えました。

　話の最後に自分の気持ちを付けました。
「何があって、こうなって、誰それがこう言ってくれた。そん時、すごい嬉しかった」

「そん時、すごい嬉しかった」を付け足したんです。
　これ、出来事でもなんでもない自分の気持ちですね。

　そうすると、相手はニコッとしてくれます。

　あるいは、
「そん時、悲しかった」を付け足すとします。

そうすると、相手はちょっと悲しい顔してくれます。

意外とみんな、そんな付け足しはせず出来事をつなげて終わる話をするんです。

あなたは、自分の気持ちを最後に付け足していますか？

例えば、人の悪口を言うとするでしょ？
「A さんは、こんなヒドイことして、私にあんなヒドイことを言った。本当に A さんは嫌なやつだ」
これ、よくありますよね。

でも、よく見ると、話し手の気持ちは入ってないんです。
最後の「嫌なやつだ」は気持ちじゃなくて、評価です。

例えば気持ちを付けるとすると、
「A さんは、こんなヒドイことして、私にあんなヒドイことを言った。本当に A さんは嫌なやつだ。私は本当に辛かった」

「私は辛かった」が自分の気持ちです。

「あいつはイヤなやつだ」で止めないで、あなた自身が嫌な思いをして、許せなくて、悲しい気持ちになったということ。そこまで相手に伝えてください。

あなたの気持ちを話すこと。

それがコミュニケーションです。

何をするか?

あれこれやろうとするから、むずかしくなるんです。思いあたりませんか？

私がそうでした。あれもしなきゃ、これもしなきゃ、あの人にはいい顔しなきゃいけないし、こっちの人もたてなきゃいけない。するとドンドン煮詰まって、あっという間に焦げ付きます。こわいですねぇ。

普通の人が何かする時、大事なのは一点集中です。同時にいくつもの玉をまわせるのは大道芸人だけです。

普通のあなたなら、一つのことしかしてはいけません。

一つしかしない、というのは他のことを捨てることですから、結構勇気がいるんですね。

でも忘れないでください。凡人には「同時にいくつも」は無理なんです。

一つのことで積極的に経験を積んでください。そして自信をつけてください。それがカンタンに生きる道です。

他のことは後でやりましょう。多分、その「他のこと」は待ってくれます。待ってくれないようなら勇気をもって捨てましょう。最初の一つがうまくいけば、次は楽です。あなたの自信はどんどん強くなります。だから一つに集中することが大事です。広げるのは後でいいんです。

どうやって一つに絞るか。むずかしいですよね。選ぶのには時間がかかります。そのときの基準は「好きか嫌いか」「楽しいか楽しくないか」「やりたいか、やりたくないか」です。

義務感や周りの状況で「嫌いなこと」「楽しくないこと」「やりたくないこと」を選んではいけません。

でも社会生活をしてると、いろんなしがらみがありますから、素直に考えられないんですね。これが大変なところです。ですから自分の気持ち、感情を一番大事にしてじっくり考えます。

この時、「得意なこと」からの誘惑がやってきます。自分では好きでもないのに、人よりうまく出来てしまうことに気づき、こう思います。

「あっ、これが進む道かな」と勘違いするんです。

でも「好きじゃない得意なこと」は後々引き返すことになります。それもかなりの「後」ですから結構辛いです。

注意してください。得意なことにだまされないでください。

得意なことはサッと出来てしまうので、最初はかなり楽です。でも後で引き返すかもしれないので注意！

得意でしかも好きなこと、なら全然大丈夫。でもただの「得意なこと」はあなたを巧みに誘います。

自分の心の奥に聞いてみてください。

「本当に好きなことか？」「本当に楽しいことか？」「本当にやりたいことか？」って。

情熱と付き合おう

ゼロから新しいことを考えるのは大変です。
「今までにない新種の動物の絵を描いてください」と言われると、たいていの大人は困ってしまいます。そして何かの動物に似た絵を描きます。でも猫の写真を見せられて「それと同じものを描いてください」となるとスグ書けます。

新しいことを始める時、自分でゴチャゴチャ考えずに素直に真似することです。まず上手な人を見つけて真似することです。

一流として活躍している人たち、例えばサッカー日本代表選手がマラドーナに感動してサッカーを始めたり、メジャーリーグに行った日本人選手が小さい頃テレビを見て野球に夢中になったんです。そもそも真似っこですから、自分らしさなんて最初は無いんです。

自分で一からやろうとすると大変です。下手すると途中で挫折します。

身近な先生を見つけて、ちょっとだけ真似してみてください。もしうまくいったらラッキーです。どんどんやってみましょう。

そしてその人の情熱ももらってください。情熱は伝染します。

ただ一つ注意するのは、自分と似たタイプの情熱かどうか？ということ。

あまり自分のタイプとかけはなれた情熱は、長続きしません。

失礼ですが、あなたは凡人です、多分。

何もしないのに独りでに情熱がわいてきた、なんてこと、凡人には起こりません。そんなのは一万人に一人の天才だけです。

だから、他人の情熱をもらいましょう。

もらった情熱が自分のものになれば、あなたは自然に充実感を味わうことが出来ます。

何か始める時、ちょっと壁に当たった時、あまり深く考えずに情熱のある師を探してみてください。

そのままを言うこと

全米女子オープンゴルフに初出場して負けた、上田桃子選手のことです。

年下のパク・インビ選手が優勝し、ギャラリーにスタンディングオベーションで見送られると

上田桃子選手は表情を変えずに
「いいなぁ～」
と言いました。

しばらくして
もういちどカメラに映ったときも
「いいなぁ～」……。

独り言で、もう何度も言ってたんだと思います。

くやしい……優勝するのは私……

って感じです。

気持ちそのまんま言っちゃう上田桃子選手を、私は好きになりました。

私は気持ちがそのまま外に現れる人が好きです。

普通なら「いいなぁ」なんて言ったりしないで黙ってるとか、「これをバネにして来年頑張りたいです」なんて言うと思うんです。

でも、上田桃子選手はそうじゃなかった。

とても素直だった。

素直な人って、ついでに言うと、素直でオバカな人って、

かわいいなぁって思うんですよね。

（上田桃子選手がオバカって意味じゃないですよ）

「賢そうに振る舞う人」って、あまり魅力的じゃない。

素直でオバカに振る舞える人、私は大好きです。

Day 5 : FRIDAY

泣いてみよう

相手の目を見ながら、泣いたことがありますか？

こころ許す相手に話しているとき、なんだかこらえるのも違う気がして、しかも相手が私の気持ちを受け止めてくれる気がして、そのまま相手の目を見ながら泣いてしまったことがあります。

わたしの人生で、それは一度しかありません。

わたしは相手と強く結ばれた気がして、泣いたあと、ちからが湧いてきました。

わたしの悲しい思いは、
外に出て、人に見てもらって癒えました。

相手の目を見て泣くってのは
とても気持ちがいいです。

そっから
自分をみせることが
怖くなくなったんだと思います

そのとき、気持ちが共感できて嬉しかった。
理屈じゃなくて、体感した暖かさ、体感した暖かな涙。
それは忘れないです。

涙が出そうになったら、こらえずに隠さずに、そばにいる友達に見せてください。
あなたの悲しみが癒えるはずです。

不安のまま進め

　答えが出る前の自分の不安な気持ち。
　それが、答えそのものより大切なことがあります。

　あなたが恐れ不安に思い、答えを出せないでいる、その気持ちそのものが、とても大切な時があるんです。

　自分のなかで答えが簡単に出るなら、なにも不安に思うことはありませんね。
　でも、実際は答えがすぐに出るほうが少ない。

　思いを寄せる異性に、自分の気持ちを告白するとき、断られたらどうしようとか、相手の迷惑になったらどうしようとか、そんな不安の方が大きいはずです。

　でも何も言わなければ、お付き合いすることは出来ません。

だから、がんばって告白します。

　だから不安のまま、その気持ちを持ったまま、行動に移すことが必要なんです。

　自分の気持ちに自信がなくて、自分自身にも自信がなくて、踏み切れないとしたら、こう考えてください。
「この私を不安にさせる気持ちの裏には、それだけ大切にしたい愛がある。だから、勇気をもって行動するだけの価値がある」

　不安が大きければ大きいほど、あなたの気持ちは強く愛に裏付けされています。
　不安のまま、その気持ちに向き合って進んでください。必ずそれだけの価値があるはずです。

　恐怖や不安があると
「やんない」ほうがカンタンです。
　でも、やんない選択は、だいたい何も起こりません。

　不安なまま、進んでください。

今日の最後に

今日はセラピーの５日目、
いかがでしたか？

自分の思いを伝えること、あなたはしてますか？

うれしい時だけじゃないですよ。
悲しい時、寂しい時、恐い時、怒った時。

大切な人に、あなたの思いを伝えていますか？

相手がどう思うか心配する前に、あなたの思いを外に出すんです。

どう思いますか？

第6章　土曜日

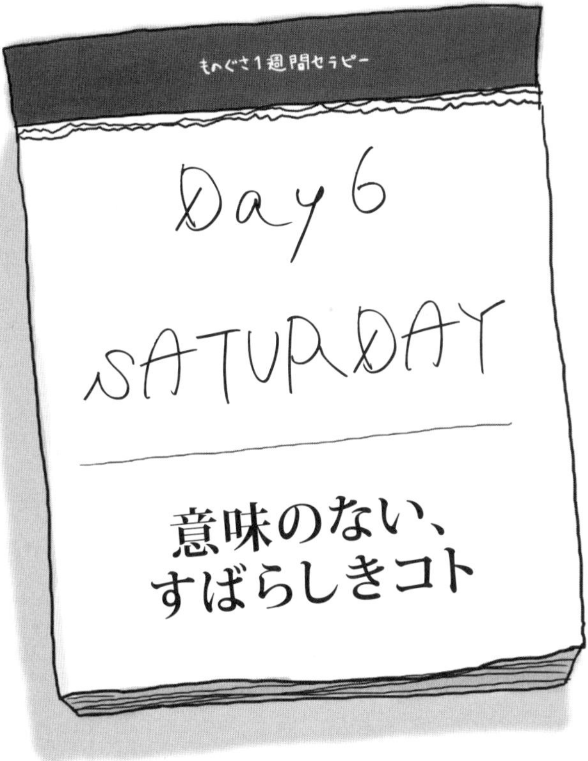

意味のない、すばらしきコト

考えない世界

質問するのを止めて
わからないままここを離れてみる

答えのない新しい場所は楽しい世界の玄関

僕は玄関の前で止まっている

誰も僕を引っ張らないし
誰も僕を押してはくれない

Day 6 : SATURDAY

質問するのを止めて

わからないまま右足を一歩前に出してみる

「後悔しそうかい？」

ノー

あそこには楽しいことがある

あと何歩か進めば、僕はそこに到着する

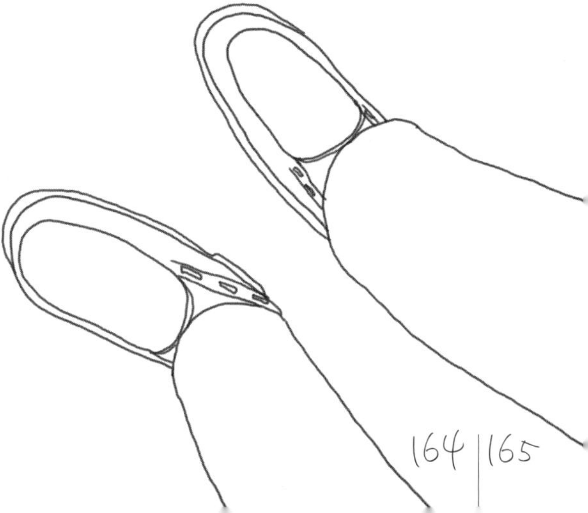

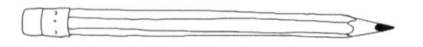

考えないこと

　ゴルフは自分のタイミングでボールを打つスポーツです。
　それが他の球技と大きく違うとこです。

　サッカーや野球は突然やってきたボールをなんとかするスポーツです。
　だから、反射神経、運動神経が必要です。

　しかし、ゴルフのボールは止まっています。
　反射神経や動体視力は全く必要ありません。

　その、止まっているボールを打つ、という性質のおかげで、犯してしまうミスがあります。

「考え過ぎ」、です。

わたしなんか下手くそなので、打つ前にいろんなことをグルグル考えちゃいます。
特にピンチになったとき、林の中に入ってしまった時、ボールが大きく曲がってしまった時、頭は大混乱です。

いろんなこと考えすぎて、ミスの連発が始まります。

ま、これが一般的なアマチュアゴルファーですね。

しかし、プロは違います。

バンカーに入っても、林に入っても、トッププロは冷静です。
勝負がかかった大切なショットもそう。

なぜか？
考えないからです。

プロには「考えない」ための作戦があります。
それをプレショットルーティーンと言います。

ボールを打つ前に、決まった儀式をするんです。

例えば日本でトップの片山晋呉選手の場合。

ボールの3メーターくらい後ろにたってクラブを真っすぐ持ちます。

その位置で3回素振りします。1回めは半分、2回めは7割、3回めは9割の大きさで素振りします。

次にボールの近くにたって9秒間、足踏みします。

そのあと1秒、間があって、10秒目で打ちます。

これがいつも同じ。

プロ野球のイチロー選手の場合。

打席にたって、バットで正面を差し、下からグルっと回してバットが上にきたところで、左手で右腕のシャツの袖をクイッと上げます。そして構える。

これがいつも同じ。

彼らトッププロは、努力して自分のリズムをつくり、そのリズムの中で余計なことを考えない工夫をします。

100%の結果を出すために考えないようにするんです。

「考えないこと」が重要です。

今日は土曜日、セラピーも終盤です。

今日は一番大切なこと、余計なことを考えず、今の瞬間に集中することを意識してください。

意味のないコトこそ、素晴らしい

　意味のあるコトは、言葉で技巧的に説明出来ます。
　しかし、意味のないコトは、倫理感や理論、思考力とは、あまり関係がありません。
　生きている実感を味わうためには、良質な「意味のないコト」が必要です。

　全ての出来事には意味がある……。
　目の前に困難がやってきたとき、よく言いますね。

　でも、私はその意見に反対です。
　困難に立ち向かわなければならない自分を、奮い立たせるという意味で使うなら分かります。

　理不尽なトラブルは、「なぜ私がそんな目に遭わなければならないのか？」と誰もが思います。

そこから逃げないために「この困難を乗り越えるということに意味があるのだ」と思って頑張ることもアリです。

しかし、あなたの回りに起こること全てに「意味がある」と考えるのには反対です。

例えば、美味しいものを食べたとき、「美味しい!」という思いに意味はあるでしょうか？

例えば、好きになった人の前で気分が昂揚することに意味はあるでしょうか？

それは意味というより、あなたが自然に「そうなってしまう」ものなのです。

あなたが自然体で腹の底から感じること。

そこには意味などなく、あなたが「あなたらしくいること」が詰まっています。

だから、意味のないコトこそが、一番素晴らしいのです。

楽しいこと

「楽しかったぁ〜」という実感に、理屈や意味などありません。
　その楽しさを、頭じゃなくて、体で感じることが出来れば、それだけで素晴らしい人生です。

　趣味って、いろんな動機で始めますよね。
　でも、心から打ち込めるもの、長くつきあっていける趣味には、必ず理屈のない楽しさが入っています。
「なんだか良く分かんないけど、楽しい」ってことが、自分らしく楽しんでるってことです。
　頭で考えて楽しんでるうちは、まだ浅いです。

　ブルースリーは映画の中で、こう言っています。
「DON'T THINK. FEEEEEL!」
　彼は「戦う時」に、こう言いましたが、私は「楽しむ」時にこう言いたいです。「考えないで！体で感じて！」って。

笑っちゃうこと

人と目があって
ニコッと笑いあえると、単純にとても嬉しい。
そう思えるようになったのは、つい最近です。

意味も無く微笑みあうことがこんなに楽しいことだと
今まで思ったことはありませんでした。
妻と子供たちと、意味も無く、なんとなく、ニコっとする。
うれしいし、たのしい。
それが分からなかったのだから、やっぱり昔の私は、借り物の人生を生きて来たんだと思います。

目と目が合って、ニコッと笑っちゃうことに、意味はありません。
理屈なんかどうでもよくて、シンプルに嬉しいと思える時です。

人と違うこと

　人と違うことはコンプレックスの始まりです。

　自分が人と違うことに気付いた時、ネガティブな思いを抱きます。

「人より足が短い」

「人より顔が大きい」

「人より～～が上手く出来ない」

　などなど。

　このとき、多くの人は、その意味を見出そうとします。

「なんで私は人より足が短いのか？」

　せいぜい「親の足が短いから」くらいの答えしか出てきません。

　そして、劣等感を膨らませていきます。

　人と違うことに意味はありません。

　人と違うことが、あなたの存在してる価値です。

意味のない、素晴らしきコト。
ダントツの１位は、人と違うこと。

素晴らしき意味のないコト。
それが「あなたが人と違うこと」です。

生きることと死ぬこと

生き物の世界で、死ってのは日常です。

人間に比べると、生死のサイクルが短い生き物は沢山あります。

死はあなたに 100% の確率で訪れます。

先日、友人のお父さんが亡くなり、お通夜に行きました。

ガンだと検査で分かった時にはもう末期で、それから 4 ヶ月後に亡くなったと聞きました。

喪主を務めた友人は目に涙をためながら、

「やれることは全部やった。だから今は何もない。ただ居ないのが寂しいだけ」

と私に言いました。

彼と分かれ、一緒に来た別の友人と二人になって駅に向かう時、

「自分の親も死ぬんだなぁ」

と言うと、その友人が

「両親、元気？」

と私に聞きました。

彼が学生の時に、彼のお父さんは障害を持ち、５年間寝たきりになった後、亡くなりました。

「俺は、（死は）いつか来る、と思ってるから」

とその友人は言いました。

私にはまだ、覚悟はありません。

しかし、二人の友人は、死というものを実感していました。

死は私の父に、100％の確率で訪れます。

死は私に、100％の確率で訪れます。

私は、そこに意味など見出そうとしません。

私の友人の言葉を借りれば、

「やれることは全部やった。だから今は何もない。ただこの世から去るのが寂しいだけ」

そう臨終したいと思っています。

そのために今、生きていると思えば、私はチカラが湧いてきます。

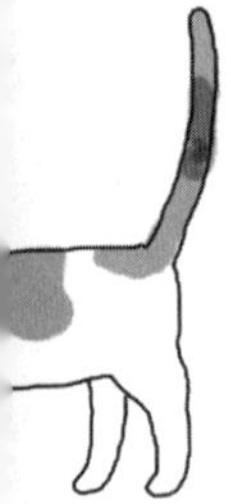

仕事の意味

最近、仕事はどうですか？
「これが本当に自分にあった仕事なんだろうか？」
と悩んでませんか？

えっ？　悩んでない？
お金なんか問題じゃない！今の仕事が最高！って？

だったら、オッケイ。あなたは確かに最高です。
このページはスルーしてください。
でも、もし悩んでいたら、ちょっと待ってください。

私の意見はこうです。

「あまり、考えない方がいい」

そもそも、仕事って働いてお金をもらうものですよね？
ここがクセもの。

とても重要な「収入を得る」という意味がある。

それを忘れて、「この仕事、自分にあってない！」と思うのは、チョットはやい。

仕事をキッパリ止めて、お金の入る道をしばらく捨てることが出来ますか？

もし無理なら、私の意見はこうです。

「あまり、考えない方が良い」

あなたにパワーが満ちてくる時まで、待っていてください。

それまで、あまり調子の出ない、今の仕事のことは考えないように。

アントニオ猪木は、こう言っています。
「元気があれば、何でも出来る」

お金という強い意味のある「仕事」について、今は放っておきましょう。

仕事について考えるのは、あなたのオヘソのあたりから、エネルギーが湧いてきてから。

それからで、十分間に合います。

今日の最後に

今日はセラピーの６日目、
いかがでしたか？

矛盾しますが、私は「人生の意味」を否定しません。
でも、人生の意味の奴隷になるくらいなら、そんなもの捨ててしまえ、と思うのです。
意味のないことには素晴らしい潤いが、沢山あふれています。
その潤いに触れることの方がよほど楽しくて、よほど人間らしい。

あなたの潤いを、これから何度も内側から出してください。

意味のないことは素晴らしい。

どう思いますか？

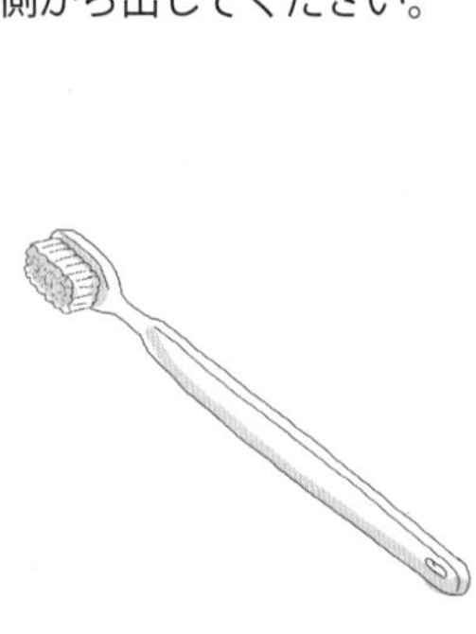

第7章 日曜日

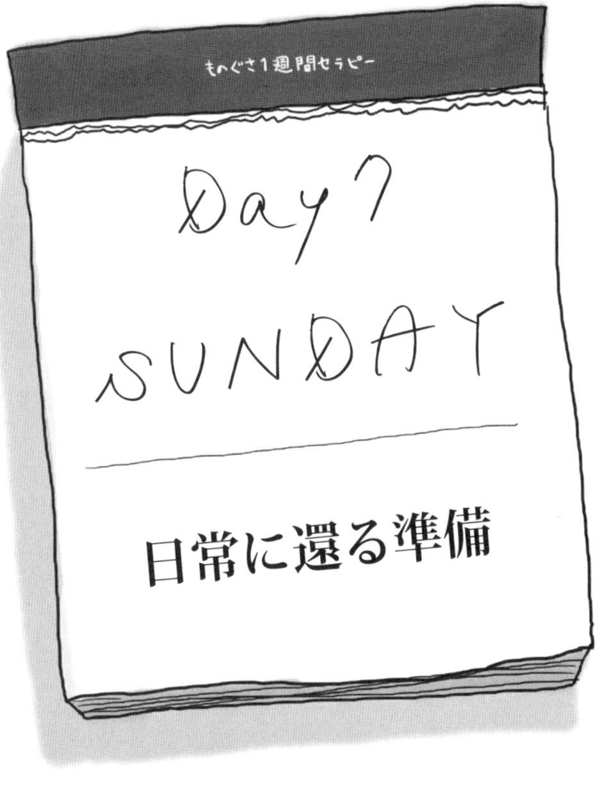
ものぐさ1週間セラピー
Day7
SUNDAY
日常に還る準備

明日からの日常へ

セラピーはこれで一旦終了です。

ここまでの内容は、読み終えて本を閉じた瞬間から忘れてもらっても構いません。

そのかわり今日は、日常へ戻る準備のお話をします。

明日の月曜から、またいつものように朝起きて出かける支度をし、慣れたルーチンワークをこなし、たまに気晴らしでお酒を飲んだり。

あるいは、午前中の買い物を終えて、テレビを見ながら残り物の昼ご飯を食べたり。

そんな今までのパターンが、また明日から始まります。

それはそれで全くオッケイです。

どっぷり日常に浸ってください。

でもあなたには、この本を読んでしまったという、取り消し出来ない履歴が残っています。

だから多分、私の推測では、明日からの10日間以内に、「あれ、なんかおかしいな？　なんだろ、この気持ちは？」

と思うことが出てくるはずです。

それこそが、この本の使命！

そうあなたに思わせることが、私の使命！

その「なんだろ、この気持ち？」の出現こそ、私の狙いです。

あなたに全部うなずいてもらって、それで「う〜〜ん、素晴らしい！」って言ってもらうことが目的じゃないんです。

これから、あなたに「なんだろ、この気持ちは？」が出現します。

そうなったとき、私のことを思い出してください。

その時に初めて、あなたに私の思いが伝わったことになります。

明日から始まる、日常への準備。
それは、まずこの本で読んだことたちを寝かしちゃうこと。
それで一旦、忘れちゃうこと。

あなたに「なんだろ、この気持ちは？」が来るまで、本棚のまん中へんにしまっておいてください。

正直な自分に気付いても
ビックリしないこと

私は自分のことを、こう思っていました。

わりと一人が好きで、礼儀をわきまえたいと思っていて、手紙やメールが好きで、本をよく読んで勉強する。

それが、自分で思う私でした。

自分で言うのもなんですが、内向的な優等生タイプですね。

でも、この自分てホント？って、ちょっと考えてみたんです。

なんで、一人が好きなんだろう？
……一人の方が、気楽で良い。
……一人の方が、自由に出来る。
……一人の方が、人にとやかく言われないで済む。

なんで、礼儀をわきまえたいと思ってるんだろう？
……礼儀正しくしていれば、大人から良く見られる。

……礼儀正しければ、恥ずかしい思いをしないで済む。
……礼儀正しければ、人にとやかく言われないで済む。

なんで、手紙が好きなんだろう？
……手紙なら、ゆっくり考えて自分のペースで相手に伝えられる。
……手紙なら、うっかりして、相手を傷つけることがない。
……手紙なら、うまく言えなくて、相手から責められずに済む。

なんで、勉強するんだろう？
……勉強すれば、後で得すると思う。
……勉強すれば、その知識が自分を守ってくれると思う。
……勉強すれば、人から馬鹿と言われずに済む。

これが心の底の方で、考えていたことです。

つまり、人から責められたくなかった。
人から文句を言われるのが嫌だった。

そんなことになるくらいなら、一人でいたほうが良いや！っていう考えです。

じゃ、なんで私は人から文句を言われるのが嫌だったのでしょうか？

なんで、文句を言われるのが嫌なの？
……文句を言われると、その人から嫌われていると思うから。

それで？
……嫌われている人と一緒にいるのは辛いから。

それで？
……その人と一緒にいられなくなったら、一人になってしまう。

それで？
……一人になるとつまらないし、さみしい。

あなたは、私のなかの矛盾に気付きましたか？

「一人になりたくない」から「一人がいい」と思ってしまう。

本当は寂しくて一人になりたくないのに、「一人がいい」ということにしておく。

一人が好きで、礼儀をわきまえたいと思っていて、手紙やメールが好きで、本をよく読んで勉強する。

これは、一人になってしまうのが怖くて、その対策として、「一人がいい」ということにした、矛盾のかたまりだったんです。

今では、自分のことを、こう思っています。

信頼出来る人と一緒に居るのが好きで、礼儀は、まぁどうでもいいと思っていて、手紙やメールは電話の方が手っ取り早いと思うことも多く、本を読んで勉強することはほとんどしなくなった。

正直な自分に気付いてビックリ、です。

まぁ、よくもこんな逆のことをぬけぬけと言うなぁと思います。

だから、自分でも正直な自分に気付いたときは困りました。

「そんなハズはない」って思いました。

でも、どうやら今の自分が本当のようです。

あなたは正直な自分の気持ちに気付きましたか？

そうだとしたら多分、
「私ってそんなんじゃない！」
とか
「そんな自分は嫌だ！」
なんて思うかもしれません。

自分の正直な気持ちに気づくと、それを認めたくないという副作用が起きます。

私にはこんな副作用もありました。
実はその人のことは嫌いなのに、無理矢理に好きになろうとしていた。
必死になって、その人を「好き」でいる私になっていた。

正直な気持ちは、その人のことが嫌い。

それに気付いた後、困ったことになります。

その人の事を嫌いになりたくはない。それでは自分が酷い人になるので「その人を好きになろうとしている私」でいるほうが楽だ、と思うのです。

正直な自分を認めてしまうと、善人の自分を否定するようでイヤなんです。

正直な自分を認めるには、エネルギーが必要です。

今から覚悟しといてください。

今から、本当の自分を見つけた時、それを認める覚悟をしておいてください。

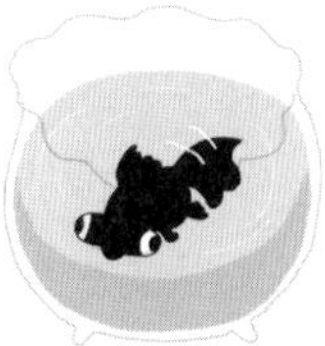

あなたらしさとは

庭師の修業時代、親方がよくこう言ってました。
「モチ(モチノキ)はモチらしく、マツはマツらしく」

その時は意味が良く分かりませんでした。
「マツらしさって何だよ?」って思いました。

それよりも、例えば剪定なら、どの枝を切ったら良いのか教えてほしかった。
しかし、親方は具体的にココを切れとか、そういう教え方は一切しませんでした。

その教え方が私には理解出来なかった。

あんまり分からないので、先輩に聞いてみました。

すると先輩はこう言いました。

「この木が、ココを切ってくれって、言ってる気がするんだよ」
「そこを切れば良いのさ」

……ますます分かりません。
みんな、私に意地悪してるんだと思いました。

しばらくして、親方や先輩職人らと、宮城県の松島に研修旅行に行きました。
何本ものマツがそれぞれの小島にあり、遊覧船で観光することができます。
そこで、親方は海に浮かんだようなマツを指差し、言いました。
「あれがマツだぞ」
私は「そりゃ、そうですけど」と心の中で思いましたが、口には出さず、親方が何を言いたいのか考えました。

松島のマツは、樹齢百年を超えるものがほとんどで、小さな若木はありません。

マツらしさとは、マツの若木にあるのではなく、大人の木（成

Day 7 : SUNDAY

木）にあるのだな、ということが何となく理解できました。

マツの成木は、少し幹が傾き、枝は真横よりも少し下向きに伸びます。

その枝の先端だけは少し上を向きます。

「このマツの生理を理解して、庭という小さな場所で収まるように枝を切りなさい」

これが親方の言いたかったことです。

マツらしさとは、マツの成木にある。

なんとなく分かるでしょうか？

お正月の門松のマツ、あれもマツです。

マツの勢いよく伸びた一年目の枝です。

マツの枝というと、あなたは門松のマツの枝を思い浮かべるかもしれません。

しかし、マツらしさとは、成木にあるんです。

そろそろ、私が何を言いたいかお話します。

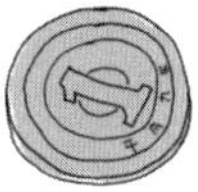

あなたらしさとは、大人のあなたの中にあります。

「あなたらしさを思い出して！」なんて言われると、子供の頃に夢中になったことや、その時の自分を思い出して、それが自分らしさだと思ってしまう。

それはそれ、です。

今まで生きてきて、変わってきたこと。
今まで人と関わってきて、傷ついたこと。
今まで経験してきて、心に焼きついていること。

そして、あなた自身とあなたの周り全部。

それが「あなたらしさ」です。

若木に個性はありません。
成木にこそ、個性があります。

いろんな場所で育って、いろんな強さの日差しを経験し、いろんな風を受けて枝を伸ばします。
そして今ある姿が、その木らしさ。

経験と傷こそが個性です。

木は自分で動けませんし、喋れません。
だから、何かあった時、傷ついた自分を全て受け入れる覚悟が、すぐに出来ます。

人間は身軽に逃げられます。
私も辛くなると、よく逃げます。

だから、自分自身を受け入れる覚悟が出来ない。

松島のマツを少し、見習いましょう。

今のあなたの中に溢れそうなくらいつまっている、「あなたらしさ」に気付いて、早くそれを大切にしてあげてください。

変わらなくて良い

「ものぐさセラピー」とは、変わらなくて良いことを理解することです。

あなたは変わらなくて良い。

別の言い方をすると、あなたは他の何かにならなくて良い。

なんとなく、分かりますか？

変わらなくていいんなら、そんなに楽なことはない。
と、あなたは思えるでしょうか？

私は、そう思ってませんでした。
他の誰かに変わってしまったほうが、よっぽど楽に思えました。

「変わりなさい」と言われた方が、よっぽど良い。
「努力して生まれ変わりなさい」と言われた方が、よっぽど楽。

でも、大切なことをスッ飛ばして、変わることなんて出来ないんです。
これは確かです。

私は必死に他の誰かになろうとしました。
けっこう努力したので、そこそこまでは出来ました。

でも、自分で自分に納得出来ない。

それは「他の誰かになりたい」なんていう思いは、絶対に本当じゃないから。

そんな努力は、後になって全部ダメになります。

「変わらなくて良い」ということが、ちょっと大変そうに思えてきましたか？

あなたは真面目ですね。
見込みアリですよ！

「変わらなくて良い」ということは、明日から始まる日常への準備において、深い意味を持ちます。

無意識の近く

何かことがあったとき、今まであなたは無意識に反応していたはずです。

怒ったり、落ち込んだり、気分が滅入ったり。

または嬉しくなったり。あるいは泣いてしまったり。

でも、明日からは違います。

自分の反応を少し、遅らせましょう。

怒ったり、嬉しくなったり、泣いてしまう前に「なんだろ、この気持ちは？」と疑問符にして、自分の反応を少し、遅らせてください。

今までの無意識の反応を、たっぷり自覚する時間をつくってください。

それが、あなたに明日からしてほしいことです。

あなたを受け入れる準備

今のあなたを 100% 受け入れる準備をしましょう。

明日からまた、日常が始まります。

いつもの仲間、いつもの環境、そしていつものあなた。

明日から、不満に思うことを休憩し、今のあなたを受け入れる準備をしてください。

セラピーは今日までです。

あなたは明日から、前と同じ自分の世界で生活することになります。

明日からは本を読まないように。

もちろん、この本も。

明日からは、今のあなたを感じること。

今のあなたを受け入れる準備をすること。

今のあなたを将来 100% 受け入れる準備を明日からすること。

おわりに

ENDING

作家スティーブン・キングの少年時代を描いた映画「スタンド バイ ミー」の中に、私の好きなシーンがあります。

主人公ゴーディーは、兄を事故で亡くしました。

父は優秀だった長男を失い、不出来な次男ゴーディーに冷たく当たります。

家族から愛されず、友達とも何か違うと感じている 12 歳の少年ゴーディーは、自分の将来に不安を感じます。

本当は小説家になりたいゴーディーに父は「(書くことは) 時間の無駄 !」と相手にしません。

当のゴーディーも、自分が小説家になる自信はない。

ゴーディーは親友クリスに、旅の途中でこう聞きます。

「Do you think I am weird?」ぼくって変かい ?

そう聞かれたクリスは、自分らしく生きろとゴーディーを応援します。

その気持ちを込めて、クリスはこう答えます。
「Everybody is weird!」だれだって変さ！

私は時折、ゴーディーのように不安になります。

あなたもまた、ゴーディーであって、クリスです。
ゴーディーのように真面目に悩み、クリスのように友達を思うこと。
もし、あなたに友達がいないのなら、この本があなたにとっての「クリス」です。
今すぐ押し入れの布団に顔をつっこんで叫んでください。
エブリバディ イズ ウェアード！

あなたの未来が、一つずつカンタンに、一つずつパワフルになっていくことを願っています。
最後までお付き合いくださり、ありがとうございました。

斉藤吉一

著者プロフィール

斉藤吉一（さいとう よしかず）
1969年生まれ。東京都在住。IT業界を経て、庭師になるという異色の経歴をもつ。
1998年独立、現在（株）庭の音　代表取締役社長。
2004年、『ものぐさガーデニングのススメ』を出版。
庭づくりを通じ培われた世界観は、人生の書でもあると評判になり、園芸書として異例のベストセラーとなる。

しかし出版後、自分自身を見失い、生き方を根底から見直すことになる。
廃業寸前まで追いつめられ、その後立ち直った経験から、本書は生まれている。

現代人に静かで熱いエールを送る。3人の子供の父、夫。
http://www.monogusa.net/

ものぐさ1週間セラピー
〜カンタンに生きること〜

2009年2月9日　初版第1刷発行

著者　斉藤吉一
絵・装丁　善養寺ススム（有）A/T ハアベスト
発行者　本間　敦
発行所　株式会社エクスナレッジ
〒106-0032 東京都港区六本木7-2-26
TEL03-3403-1321
http://www.xknowledge.co.jp/
印刷・製本　図書印刷株式会社

ISBN 978-4-7678-0756-0

好評発売中

新版 ものぐさガーデニングのススメ

失敗続きのガーデナーが最後に開く本

斉藤吉一 著
善養寺ススム 絵
定価：本体 1,500 円 + 税
A5 判、160P、978-4767807553

第 1 章 なぜあなたはうまくいかないか？
第 2 章 ものぐさガーデニングはがんばらない
第 3 章 ものぐさガーデナーは小さく始める
第 4 章 愛すべき「ほったらかし」植物たち
第 5 章 ホントは簡単！ガーデンデザイン
第 6 章 すばらしき凡人ガーデナー達

筆者からのコメント（新版あとがきより）

本書は「失敗続きのガーデナーが最後に開く本」であり、
また「不安で何も始められないガーデナーの卵が最初に開く本」でもあります。
どうか、椅子などに座らずに、床に寝転びながら読んでください。
どこから読んでもオッケイです。
初版が出て以来、多くの読者様から感想をいただきました。
一番多かったのは「気が楽になった」というもの。
この言葉に私は心からうれしくなります。
「植物の育て方を詳しく知りたい」と思ったら、それはそれで素晴らしいこと。
でも、この本を手に取って頂いたあなたには、「植物って、なんとなく良いもの」っていう素朴な気持ちを、ずっと持ち続けてほしい。
難しく考えなきゃいけないことは、一つもありません。
あなた自身が、楽しめるような感じがしてきたら、私の目的は達成です！
新版というご縁に感謝。